*** INHALTSVERZEICHNIS *

SEITE	1	INHALTSVERZEICHNIS
SEITE	2	VORWORT
SEITE	4	ALLGEMEINES / IMPRESSUM
SEITE	5	NATO BALKANS UND NATIONALE EINSATZMEDAILLEN KFOR
SEITE	6	AUNÄHER IM ZUSAMMENHANG MIT KFOR
SEITE	52	FELDPOSTKARTEN IM ZUSAMMENHANG MIT KFOR
SEITE	54	ABGESCHLOSSENE PUBLIKATIONEN/NPMC MAIFELD
SEITE	56	AKTUELLE PUBLIKATIONEN / BOD GMBH
SEITE	57	GASTARTIKEL FÜR DIE ZEITSCHRIFT IMM
SEITE	58	UNSERE YOUTUBE PRÄSENZ HAUPTKANAL UND NEBENKANÄLE
SEITE	59	UNSERE PROJEKTE / SEITEN AUF FACEBOOK
SEITE	60	BLICK IN DIE ZUKUNFT / GEPLANTE PUBLIKATIONEN
SEITE	61	BLICK IN DIE ZUKUNFT / VERBINDUNGSAUFNAHME
SEITE	62	NOTIZEN

*** VORWORT ***

Dieses Buch entstand in der Ausübung meines Hobby´s. Die Leidenschaft für das Sammeln ist bei mir schon in jungen Jahren gereift.

Da ich ganz analog in den 1970er und 1980er Jahren aufgewachsen bin, fällt es mir wahrlich schwer nicht die Orientierung zu verlieren, wenn ich in den Dateien eines Computers lese.

Mir fällt es leichter, wenn ich eine ausgedruckte Datei in meinen Händen halte und darin Notizen machen kann.

So entstanden unzählige Ordner mit Bildern von Einsatzmedaillen, Aufnäher und Brustanhänger sowie weitere militärische Sammlergegenstände. Mein Interesse umfasst alles, was mit Multinationalen Einsätzen seit der Gründung der Vereinten Nationen zu tun hat. Dazu gehören natürlich auch Einsätze mit NATO.- bzw. EU-Mandat.

Irgendwann mal suchte ich nach einem Buch, in dem Einsatzmedaillen der UNO, NATO und der EU beschrieben werden. So ein Buch gab es nicht und ich legte mir für dieses Thema einen eigenen Ordner an. Aus irgendwelchen Gründen kam es dann 2015 zur Veröffentlichung meiner Informationssammlung zum Thema der Ehrenzeichen und Einsatzmedaillen der Bundeswehr, UN, NATO und EU. Dieses Thema habe ich im weiteren Verlauf meiner Arbeit unter einem neuen Begriff der „Modernen Phaleristik" zusammengefasst

Das Sammeln von Patches hat schon vor meiner Zeit im aktiven Wehrdienst begonnen. Allerdings waren das in erster Linie Aufnäher von Heavy Metal Clubs und Motorad Clubs sowie Abzeichen von Rettungsorganisationen.

Die hier vorgestellten Symbole und Abzeichen wurden von Soldaten auf der ganzen Welt getragen, die die Zusammenarbeit und die Herausforderungen multinationaler Missionen widerspiegeln.

Ein Hauptziel meiner Sammlertätigkeit ist es, ausgediente Sammlungen vor dem Vergessen zu bewahren. Oftmals landen wertvolle militärische Erinnerungsstücke bei Standortauflösungen der Streitkräfte oder als Nachlass in Mülltonnen. Mit diesem Buch möchte ich sicherstellen, dass diese historischen Artefakte und die Geschichten, die sie erzählen, für zukünftige Generationen erhalten bleiben.

Allerdings bin ich dabei auf die Mithilfe anderer angewiesen. Meine finanziellen Mittel sind begrenzt, sodass ich teure Ankäufe von Sammlungen nicht alleine bewältigen kann. Daher bin ich dankbar für jede Unterstützung und jedes Angebot, dass dazu beiträgt, diese wichtigen Erinnerungsstücke zu bewahren.

Während meiner aktiven Dienstzeit war ich alleine fünf mal im Camp Marmal in Nordafghanistan stationiert. Es ist unmöglich alle Motive zu erwerben, daher habe ich jede Gelegenheit genutzt, die mir erlaubte, Fotos von den Patches zu machen, wenn zum Beispiel ein Soldat in meinem Arbeitsbereich auftauchte, der ein mir noch unbekannter Patch an der Uniform getragen hat.

Dies hat mir dabei geholfen, dass ich überhaupt so viele verschiedene Motive zusammen stellen konnte.

❋❋❋ VORWORT ❋❋❋

Neben dem Kauf hunderter Patches habe ich auch die Gelegenheit genutzt, diese in Kasernen und Feldlagern direkt vor Ort in den Stickereien zu fotografieren, um die Bildrechte zu erlangen und authentische Abbildungen in diesem Buch präsentieren zu können.

Diese Fotos und Abbildungen stellen einen wichtigen Teil unserer Arbeit dar und tragen dazu bei, die Geschichten hinter den Patches lebendig zu halten.

Liebe Patch-Sammlerinnen und -Sammler,
wir laden Euch herzlich ein, uns künftig bei der Aktualisierung meines Patchbuches zu unterstützen. Jede und Jeder von Euch kann mitmachen, indem Ihr uns Bilder Eurer Patches zusendet, die in meinem Buch noch nicht aufgeführt wurden. Eure Beiträge sind ein wertvoller Teil dieser Illustration und helfen dabei, dieses Buch in einer künftigen überarbeiteten Auflage noch vielfältiger und umfangreicher zu gestalten.

Es wäre uns eine große Freude, wenn dieses Buch eine wertvolle Ressource für Sammler, Historiker und alle Interessierten darstellen würde, die die Welt der militärischen Patches und Patchsammlungen erkunden möchten.

Mit besten Grüßen

Mark Schneider
Polch im November 2024

*** ALLGEMEINES / IMPRESSUM ***

Bibliografische Information der Deutschen Nationalbibliothek: Die Deutsche Nationalbibliothek verzeichnet diese Publikation in der Deutschen Nationalbibliografie; detaillierte bibliografische Daten sind im Internet über dnb.de abrufbar.

Die automatisierte Analyse des Werkes, um daraus Informationen insbesondere über Muster, Trends und Korrelationen gemäß §44b UrhG („Text und Data Mining") zu gewinnen, ist untersagt.

© 2024 NPMC-Maifeld / Mark Schneider
- Postfach 1133 in 56747 Polch oder
- 1115022254 Postfiliale 596 in 56751 Polch

- Email: npmcmaifeld@gmail.com
- www.npmc.eu
- YouTube: NPMC Maifeld Collects
- YouTube   Military Medals
- YouTube   Military Patches & Pocket Hanger
- YouTube   Park Pennies, Souvenirs & More
- YouTube   Field Postcards, Headgear, Badges & More
- Instagram: NPMC Maifeld Collects
- Facebook: NPMC Maifeld
- Pinterest: NPMC Maifeld Collects
- TikTok   NPMC Maifeld Collects
- RedBubble   NPMC Maifeld2014
- Spread Shop   npmc-maifeld2014

Verlag: BoD · Books on Demand GmbH, In de Tarpen 42, 22848 Norderstedt
Druck: Libri Plureos GmbH, Friedensallee 273, 22763 Hamburg

1.Auflage2024
ISBN: 978-3-7693-0184-7

*** SOUVENIRS AUS DEN EINSATZGEBIETEN ***
NATO ISAF,- UND NATIONALE EINSATZMEDAILLEN

Einsatzmedaille
KFOR
Ungarn

Einsatzmedaille
KFOR
Italien

Einsatzmedaille
KFOR
Belgien

Einsatzmedaille
KFOR
Schweiz

Danconmarschmedaille
KFOR
Dänemark

Einsatzmedaille Bronze
KFOR
Deutschland

Einsatzmedaille Silber
KFOR
Deutschland

Einsatzmedaille Gold
KFOR
Deutschland

Einsatzmedaille
KFOR
USA

NATO-Einsatzmedaille
BALKANS
NATO / USA

NATO-Einsatzmedaille
KOSOVO
NATO / USA

NATO-Einsatzmedaille
Non Article 5
NATO / USA

5

*** SOUVENIRS AUS DEN EINSATZGEBIETEN ***
AUFNÄHER / PATCHES

| KFOR Kosovo Schildwappen Streitkräfte Bulgarien | KFOR Kosovo Schildwappen Streitkräfte Deutschland oliv | KFOR Kosovo Schildwappen Streitkräfte Finnland | KFOR Kosovo Schildwappen Streitkräfte Frankreich | KFOR Kosovo Schildwappen Streitkräfte England |

| KFOR Kosovo Schildwappen Streitkräfte Italien | KFOR Kosovo Schildwappen Streitkräfte Italien oliv | KFOR Kosovo Schildwappen Streitkräfte Italien / Luftwaffe | KFOR Kosovo Schildwappen Streitkräfte Irland | KFOR Kosovo Schildwappen Streitkräfte Arabische Emirate |

| KFOR Kosovo Schildwappen Streitkräfte Niederlande Typ I | KFOR Kosovo Schildwappen Streitkräfte Niederlande Typ II | KFOR Kosovo Schildwappen Streitkräfte Norwegen | KFOR Kosovo Schildwappen Streitkräfte Österreich | KFOR Kosovo Schildwappen Streitkräfte Polen |

| KFOR Kosovo Schildwappen Streitkräfte Portugal | KFOR Kosovo Schildwappen Streitkräfte Russland | KFOR Kosovo Schildwappen Schweden | KFOR Kosovo Schildwappen Schweiz | KFOR Kosovo Schildwappen Spanien |

| KFOR Kosovo Schildwappen Streitkräfte Ukraine | KFOR Kosovo Schildwappen Typ I gold | KFOR Kosovo Schildwappen Typ I blau | KFOR Kosovo Brustanhänger Typ I blau | KFOR Kosovo Schildwappen Typ II / oliv |

*** SOUVENIRS AUS DEN EINSATZGEBIETEN ***
AUFNÄHER / PATCHES

KFOR
Kosovo
KFOR Wappen / Typ II
bunt - Rand schwarz

KFOR
Kosovo
KFOR Wappen / Typ II
bunt - hoch

KFOR
Kosovo
KFOR Wappen / Typ II
bunt - Rand weiss

KFOR
Kosovo
KFOR Wappen
Typ II / Brustanhänger

KFOR
Kosovo
KFOR Wappen
Typ III / Brustanhänger

KFOR
Kosovo
KFOR Wappen
Typ IV

KFOR
Kosovo
KFOR Wappen
Typ IV

KFOR
Kosovo
KFOR Wappen
Typ IV

KFOR
Kosovo
KFOR Wappen
Typ IV

KFOR
Kosovo
KFOR Wappen
Typ IV

KFOR
Kosovo
Wappen
Typ IV

KFOR
Kosovo
Wappen
Typ IV

KFOR
Kosovo
Typ V

KFOR
Kosovo
Typ VI

KFOR
Kosovo
Typ VII
Brustanhänger

KFOR
Kosovo
Wappen / Typ VII
Patch

KFOR
Kosovo
NATO
Kosovo Landkarte

KFOR
Kosovo
DEUCON Landkarte
Kosovo

KFOR
Kosovo
Film City
KFOR HQ Typ I

KFOR
Kosovo
Film City
KFOR HQ Typ II

KFOR
Kosovo
Determined Commitment
2004 / Always Ready

KFOR
Kosovo
Balkans

KFOR
Kosovo
NATO Presents
Balkans Now

KFOR
Kosovo
Blasmusik CB
AUT/DEU/SUI

KFOR
Kosovo
Close Protection Team
DCOM

*** SOUVENIRS AUS DEN EINSATZGEBIETEN ***
AUFNÄHER / PATCHES

KFOR
Kosovo
Command Group
COMKFOR / PAO

KFOR
Kosovo
Genderadvisor
COMKFOR

KFOR
Kosovo
Gender Force
Fun Patch

KFOR
Kosovo
HQ
Feuerwehr

KFOR
Kosovo
HQ
MEDAD

KFOR
Kosovo
HQ
Info Ops

KFOR
Kosovo
JIC/Joint Implementation
Commission

KFOR
Kosovo
1st International Mission
Sufa Reka - Kosovo

KFOR
Kosovo
1st Multinational Mission
1999-2000 Camp Film City

KFOR
Kosovo
NBC Troops
Kosovo

KFOR
Kosovo
COMMZ-West
Albanien / Morina / Kosovo

KFOR
Kosovo
J - Engineer
Branch

KFOR
Kosovo
HQ
G 6 Branch

KFOR
Kosovo
HQ J1 Branch
Typ I

KFOR
Kosovo
HQ J1 Branch
Typ II

KFOR
Kosovo
HQ
J 3 Branch

KFOR
Kosovo
HQ
J1 Branch

KFOR
Kosovo
HQ
Support Group

KFOR
Kosovo
KFOR II
Bravo Battery

KFOR
Kosovo
Operation Joint Guardian
Communication Zone West

KFOR
Kosovo
Laison Monitoring Team
Typ I

KFOR
Kosovo
Laison Monitoring Team
Typ II

KFOR
Kosovo
Laison Monitoring Team
Typ III

KFOR
Kosovo 1999
Operation Allied Force
Pin

KFOR
Kosovo
NATO Forces
Pin

*** SOUVENIRS AUS DEN EINSATZGEBIETEN ***
AUFNÄHER / PATCHES

KFOR	KFOR	KFOR	KFOR	KFOR
Kosovo	Kosovo	Kosovo	Kosovo	Kosovo
NATO	NATO	5	Operation Joint Guardian	Operation Joint Guardian
Mazedonien rot	Mazedonien gelb	HQ Kosovo	Pin Typ I	Pin Typ II

KFOR	KFOR	KFOR	KFOR	KFOR
Kosovo	Kosovo	Kosovo	Kosovo	Kosovo
NATO	Verbum Vincet	Camp Suva Reka	Task Force Trident	Camp Novo Selo
Operation Joint Guardian	Psyops	Kosovo	Kosovo	Naples C2 Transistions Team

KFOR	KFOR	KFOR	KFOR	KFOR
Kosovo	Kosovo	Kosovo	Kosovo	Kosovo
NATO Presents	Tolerance	NATO Training Team	NATO Training Team	HQ
Kosovo Now	Kosovo	Kosovo Typ I	Kosovo Typ II	Force Advisory Office

KFOR	KFOR	KFOR	KFOR	KFOR
Kosovo	Kosovo	Kosovo	Kosovo	Kosovo
Moving Forward	Multinational Force	Example Endeavour Entrust	Peace	NATO Soul Team
NATO Kosovo	Apod Pristina	Kosovo Force	Kosovo	Militärseelsorge

KFOR	KFOR	KFOR	KFOR	KFOR
Kosovo	Kosovo	Kosovo	Kosovo	Kosovo
Operation Trident	Operation Trident	Operation Trident	Operation Joint Guardian	Psyops
Kosovo / Typ I	Kosovo / Typ II	Kosovo / Typ III	Communication Zone West	Typ I

*** SOUVENIRS AUS DEN EINSATZGEBIETEN ***
AUFNÄHER / PATCHES

| KFOR
Kosovo
Psyops
Typ II | KFOR
Kosovo
Psyops
Typ III | KFOR
Kosovo
Psyops
Typ IV | KFOR
Kosovo
Psyops
Typ V | KFOR
Kosovo
KFOR 2007 / 2008
Camp Ville Signal Platoon |

| KFOR
Kosovo
The Security Platoon
2001 | KFOR
Kosovo
You send me to Kosovo
Kojote | KFOR
Kosovo
UCK-Kosovo
Typ I | KFOR
Kosovo
UCK-Kosovo
Typ II | KFOR
Kosovo
Organized Crime Bureau
Kosovo |

| KFOR
Kosovo
United Nations
Central Intelligence Unit | KFOR
Kosovo
Command Group Legad
Com MNTF - S | KFOR
Kosovo
Command Group Legad
Com KFOR | KFOR
Kosovo
Kosovo Police | KFOR
Kosovo
Detachement Gendarmerie
Kosovo |

| KFOR
Kosovo
Police Joint Operation
Mazedonien | KFOR
Kosovo
Kosovo Police
First Intervention Service Team | KFOR
Kosovo
KFOR MP
MNB (C) KFOR | KFOR
Kosovo
Kosovo Police
Bomb Squad Special Unit | KFOR
Kosovo
UN / NATO International
Police Kosovo Pin |

| KFOR
Kosovo
Multinational Brigade
Central - MNB C | KFOR
Kosovo
Multinational Brigade
South West - JIC TAT | KFOR
Kosovo
Multinational Division
MNB - Typ I | KFOR
Kosovo
Multinational Brigade
MNB - Typ II | KFOR
Kosovo
Multinational Brigade
MNB - Typ III |

*** SOUVENIRS AUS DEN EINSATZGEBIETEN ***
AUFNÄHER / PATCHES

KFOR
Kosovo
Multinational Brigade
Brustanhänger

KFOR
Kosovo
MNB (C) Multinational
Brigade - HQ Signal 1

KFOR
Kosovo
Multinational Brigade
Central

KFOR
Kosovo
Multinational Brigade
East

KFOR
Kosovo
Multinational Brigade
Nord Est Brustanhänger

KFOR
Kosovo
DEUEinsKtgt Multinationale
BrigadeTyp I

KFOR
Kosovo
DEUEinsKtgt Multinationale
BrigadeTyp I Brustanhänger

KFOR
Kosovo
DEUEinsKtgtMultinationale
Brigade - KFOR Typ II

KFOR
Kosovo
Multinational Brigade
Süd Typ I

KFOR
Kosovo
Multinational Brigade
Süd Typ II

KFOR
Kosovo
Multinational Brigade
Süd Typ II Brustanhänger

KFOR
Kosovo
Multinational Brigade
Süd Typ III

KFOR
Kosovo
Multinational Brigade
Süd Typ IV

KFOR
Kosovo
Multinational Brigade
Süd Typ V

KFOR
Kosovo
Multinational Brigade
Süd Typ VI

KFOR
Kosovo
Multinational Brigade
Süd Typ VI Brustanänger

KFOR
Kosovo
Multinational Brigade
Süd Typ VII

KFOR
Kosovo
Multinational Brigade
Süd Typ VII Color

KFOR
Kosovo
Multinational Brigade
SüdWest Typ I

KFOR
Kosovo
Multinational Brigade
SüdWest Typ II

KFOR
Kosovo
Multinational Brigade
SüdWest Typ III

KFOR
Kosovo
Multinational Brigade
SüdWest Typ IV

KFOR
Kosovo
Multinational Brigade
SüdWest Typ V

KFOR
Kosovo
MNB SW Multinational Brigade
SüdWest Typ VI

KFOR
Kosovo
Multinational Brigade
SüdWest Typ VIII

*** SOUVENIRS AUS DEN EINSATZGEBIETEN ***
AUFNÄHER / PATCHES

KFOR
Kosovo
Multinational Brigade
SüdWest Typ IX

KFOR
Kosovo
Multinational Brigade
SüdWest Typ X

KFOR
Kosovo
Multinational Brigade
SüdWest Typ

KFOR
Kosovo
Multinational Brigade
West Typ I

KFOR
Kosovo
Multinational Brigade
West Typ II

KFOR
Kosovo
Multinational Brigade
West Typ III

KFOR
Kosovo
Multinational Brigade
West Typ IV

KFOR
Kosovo
Multinational Brigade
West Typ V

KFOR
Kosovo
Multinational Task Force
Nord Typ I

KFOR
Kosovo
Multinational Task Force
West JVB

KFOR
Kosovo
Multinational Task Force
West Laison Team

KFOR
Kosovo
Multinational Task Force
Central MP Element

KFOR
Kosovo
Multinational Task Force Süd
G9 Cimic

KFOR
Kosovo
Multinational Task Force Süd
G3/5/9

KFOR
Kosovo
Multinational Task Force Süd
Command Group rot

KFOR
Kosovo
Multinational Task Force Süd
Command Group blau

KFOR
Kosovo
Multinational Task Force Süd
Flagge Typ I

KFOR
Kosovo
Multinational Task Force Süd
Flagge Typ II

KFOR
Kosovo
Multinational Task Force Süd
Flagge Typ III

KFOR
Kosovo
Multinational Task Force Süd
Flagge Typ III a

KFOR
Kosovo
Multinational Task Force Süd
MN Engineer Coy Typ I

KFOR
Kosovo
Multinational Task Force Süd
MN Engineer Coy Typ II

KFOR
Kosovo
Multinational Task Force Süd
MN Engineer Coy Pin

KFOR
Kosovo
Multinational Task Force
MNTF S - South Typ III

KFOR
Kosovo
Multinational Task Force
MNTF S - South Typ I

*** SOUVENIRS AUS DEN EINSATZGEBIETEN ***
AUFNÄHER / PATCHES

KFOR	KFOR	KFOR	KFOR	KFOR
Kosovo	Kosovo	Kosovo	Kosovo	Kosovo
Multinational Task Force South MNTF S - Typ II	Multinational Task Force Süd MNLU - Typ I	Multinational Task Force Süd MNLU - Typ II	Multinational Task Force Süd - MNLU Typ III	Multinational Task Force Süd - Ustg Btl

KFOR	KFOR	KFOR	KFOR	KFOR
Kosovo	Kosovo	Kosovo	Kosovo	Kosovo
Multinational Task Force Süd - G1	Multinational Task Force Süd - G1 4	Multinational Task Force West MNTF W - Typ I	Multinational Task Force West MNTF W - Typ II	Multinational Task Force West MNTF W - Typ III

KFOR	KFOR	KFOR	KFOR	KFOR
Kosovo	Kosovo	Kosovo	Kosovo	Kosovo
Multinational Battle Group - Ost	Multinational Battle Group - Süd / MNLU	Multinational Battle Group - Süd / JVB	Baltic Batalion Color	Baltic Batalion Oliv

KFOR	KFOR	KFOR	KFOR	KFOR
Kosovo	Kosovo	Kosovo	Kosovo	Kosovo
Baltic Squadron DANBN Color	Baltic Squadron DANBN Oliv	Baltic Squadron B DANBN - Color	Baltic Squadron B DANBN - Oliv	Baltic Squadron 9 DANBN - Color

KFOR	KFOR	KFOR	KFOR	KFOR
Kosovo	Kosovo	Kosovo	Kosovo	Kosovo
Baltic Squadron 9 DANBN / Oliv	Baltic Squadron 10 DANBN / Color	Baltic Squadron 10 DANBN / Oliv	Baltic Squadron 11 DANBN / Color	Baltic Squadron 11 DANBN / Oliv

*** SOUVENIRS AUS DEN EINSATZGEBIETEN ***
AUFNÄHER / PATCHES

KFOR	KFOR	KFOR	KFOR	KFOR
Kosovo	Kosovo	Kosovo	Kosovo	Kosovo
Baltic Squadron 12	Baltic Squadron 12	Belgian Forces	Belgian Forces	DanBn
DANBN - Color	DANBN - Oliv	Typ I	Typ II	2 PNINFK

KFOR	KFOR	KFOR	KFOR	KFOR
Kosovo	Kosovo	Kosovo DanBn	Kosovo	Kosovo
DanBn	DanBn	HQ Coy	DanBn	DanBn
B-Coy	Für Frieden und Freiheit		Scout SQN	TOW Hold 1

KFOR	KFOR	KFOR	KFOR	KFOR
Kosovo	Kosovo	Kosovo	Kosovo	Kosovo
DanBn	DanBn 1999	DanBn - KFOR 3	DanBn	DanBn
FS DEL Hold 1	Fire Workshop Hold 1	Motar 2000 - 2001	Stabskompagniet Hold 6	EKSEK

KFOR	KFOR	KFOR	KFOR	KFOR
Kosovo	Kosovo	Kosovo	Kosovo	Kosovo
DanBn	DanBn	DanBn	DanBn	DanBn
VHF-REL / E SEK Hold 1	Tactical Air Control	Team 1	Log Coy	National Support Element

KFOR	KFOR	KFOR	KFOR	KFOR
Kosovo DanBn	Kosovo	Kosovo	Kosovo	Kosovo
HQ Coy	DanBn 18	DanBn 32B	DanBn	DanBn
	Pro Active, Brave, Fair	Danish Guard Detachement	Dancon March	Cimic Support Unit

*** SOUVENIRS AUS DEN EINSATZGEBIETEN ***
AUFNÄHER / PATCHES

KFOR	KFOR	KFOR	KFOR	KFOR
Kosovo	Kosovo	Kosovo	Kosovo	Kosovo
DanBn	Dancon	Baltic Squadron / DanBn	DanBn / HQ Coy	DanBn
LHQ PLT	Pin	Brustanhänger	Brustanhänger	KFOR Patch

KFOR	KFOR	KFOR	KFOR	KFOR
Kosovo	Kosovo	Kosovo	Kosovo	Kosovo
AMK / WTD 91	Truppenverwaltug Prizren 2	KFZ Gruppe / MNB SW	Feldlagerkommandantur	Task Force Vor Tex
2002	4. EinsKtgt	6. EinsKtgt	10. EinsKtgt	14. EinsKtgt

KFOR	KFOR	KFOR	KFOR	KFOR
Kosovo	Kosovo	Kosovo	Kosovo	Kosovo
Beschaffung / Versorgung	Verstärkungskräfte /A-Zug	Deutscher Anteil HQ	StabVersorgungsZug	Transportgruppe
15. EinsKtgt	16. EinsKtgt	26. EinsKtgt	27. EinsKtgt	32. EinsKtgt

KFOR	KFOR	KFOR	KFOR	KFOR
Kosovo	Kosovo	Kosovo	Kosovo	Kosovo
S4	St/VersKp	Mat-Gruppe	Camp Command Prizren	KalTrpSchirrMstr
34. EinsKtgt	39. EinsKtgt	39. EinsKtgt	39. EinsKtgt	41.EinsKtgt

KFOR	KFOR	KFOR	KFOR	KFOR
Kosovo	Kosovo	Kosovo	Kosovo	Kosovo
Deu-Anteil HQ	Deu-Anteil HQ	S4 Abteilung	ACOS Ops CPT	HQ
44. EinsKtgt	45. EinsKtgt	48. EinsKtgt		Deu-Anteil Typ I

*** SOUVENIRS AUS DEN EINSATZGEBIETEN ***
AUFNÄHER / PATCHES

| KFOR Kosovo HQ Deu-Anteil Typ II | KFOR Kosovo Bw Fuhrpark Service GFMC | KFOR Kosovo Cimic Typ I | KFOR Kosovo Cimic Typ I Brustanhänger | KFOR Kosovo Cimic Typ II |

| KFOR Kosovo Cimic Typ II Brustanhänger | KFOR Kosovo Gebirgsjäger City Coy | KFOR Kosovo Combat Camera Branch Television | KFOR Kosovo Einsatzwehrverwaltung Patch | KFOR Kosovo Einsatzwehrverwaltung Brustanhänger |

| KFOR Kosovo Geo Sich Kp | KFOR Kosovo Deutscher Anteil HQ Film City | KFOR Kosovo Deutscher Anteil HQ Film City J6 | KFOR Kosovo Deutscher Anteil HQ St/VersKp Pristina | KFOR Kosovo Deutscher Anteil HQ St/VersKp Pristina weiss |

| KFOR Kosovo Deutscher Anteil HQ St/VersKp Pristina oliv | KFOR Kosovo Deutscher Anteil HQ St/VersKp Kosovo | KFOR Kosovo Joint Vizitors Bureau JVB | KFOR Kosovo HQ Genic | KFOR Kosovo Shaping the Future |

| KFOR Kosovo Deu Nationales Element Kosovo | KFOR Kosovo StabDeuEinsKtgt Typ I | KFOR Kosovo StabDeuEinsKtgt Typ II | KFOR Kosovo Stab./VersKp Kosovo | KFOR Kosovo Deu KFOR Wappen Kosovo Pin Typ I |

*** SOUVENIRS AUS DEN EINSATZGEBIETEN ***

AUFNÄHER / PATCHES

KFOR	KFOR	KFOR	KFOR	KFOR
Kosovo	Kosovo	Kosovo	Kosovo	Kosovo
Deu KFOR Wappen	Deu KFOR Wappen	Deu KFOR Wappen	Deu KFOR Wappen	Deu KFOR Wappen
Kosovo Pin Typ II	Kosovo Pin Typ III	Kosovo Pin Typ IV	Kosovo Pin Typ V	Kosovo Pin Typ VI

KFOR	KFOR	KFOR	KFOR	KFOR
Kosovo	Kosovo	Kosovo	Kosovo	Kosovo
Verpflegungsamt	Einheit 4	S2 Abteilung	S4 Mat-Gruppe	Feldkasse
der Bundeswehr	LMT	Camp Toplicane	Camp Prizren	EinsWVSt Prizren

KFOR	KFOR	KFOR	KFOR	KFOR
Kosovo	Kosovo	Kosovo	Kosovo	Kosovo
MNB SW 2003/04	MNB SW 2004	verstärkte Pio-Kompanie	Radio Andernach	Multinational Division Süd
Abteilung Verwaltung	Abteilung Verwaltung	Brustanhänger	im Kosovo	G 5 Abteilung

KFOR	KFOR	KFOR	KFOR	KFOR
Mazedonien	Kosovo	Kosovo	Kosovo	Kosovo
Abt Verwaltung	ABC Abwehr Zug	ABC Abw. DekonGrp.	ABC Abwehr Kompanie	ABC Abwehr Kompanie
Dezernat 3	28. EinsKtgt	39. EinsKtgt	16. EinsKtgt	Typ I

KFOR	KFOR	KFOR	KFOR	KFOR
Kosovo	Kosovo	Kosovo	Kosovo	Kosovo
ABC Abwehr Kompanie	ABC Abwehr Kompanie	ABC Abwehr Kompanie	ABC Abwehr Kompanie	ABC Abwehr Kompanie
Typ II	Typ III	Typ IV	Typ V	Typ VI

*** SOUVENIRS AUS DEN EINSATZGEBIETEN ***
AUFNÄHER / PATCHES

KFOR	KFOR	KFOR	KFOR	KFOR
Kosovo	Kosovo	Kosovo	Kosovo	Kosovo
ABC Abwehr Kompanie	ABC Abwehr Kompanie	ABC Abwehr Kompanie	Objektschutzstaffel	Objektschutzstaffel
Typ VII	Typ VIII	Typ IX	2. EinsKtgt	4. EinsKtgt

KFOR	KFOR	KFOR	KFOR	KFOR
Kosovo	Kosovo	Kosovo	Kosovo	Kosovo
Sicherungskompanie	Sicherungszug	gem. Aufkl. Kompanie	gem. Aufkl. Kompanie	gem. Aufkl. Kompanie
5. EinsKtgt	5. EinsKtgt Coin	10. EinsKtgt	11. EinsKtgt	12. EinsKtgt

KFOR	KFOR	KFOR	KFOR	KFOR
Kosovo	Kosovo	Kosovo	Kosovo	Kosovo
gem. Aufkl. Kompanie	Sich./VstkZg	Sich./VstkZg Mercury	SichZug 1.Grp.	SichZug
13. EinsKtgt	23. EinsKtgt	25. EinsKtgt	27. EinsKtgt	44. EinsKtgt

KFOR	KFOR	KFOR	KFOR	KFOR
Kosovo	Kosovo	Kosovo	Kosovo	Kosovo
Aufklärugs Truppe	Aufklärugs Truppe	3./Vstk Jäger Btl	Einsatz Bataillon 1	Einsatz Bataillon 1
Kosovo hellgrün	Kosovo oliv	2. EinsKtgt	3. EinsKtgt hellgrün	3. EinsKtgt dunkelgrün

KFOR	KFOR	KFOR	KFOR	KFOR
Kosovo	Kosovo	Kosovo	Kosovo	Kosovo
Black Barrets Gotha	KFOR Tetovo	Fm Btl 1	1.Kp / III.Zug	Geduc
3. EinsKtgt	3. EinsKtgt	3. EinsKtgt	3. EinsKtgt	5. EinsBtl

*** SOUVENIRS AUS DEN EINSATZGEBIETEN ***
AUFNÄHER / PATCHES

KFOR
Kosovo
A
8. EinsKtgt

KFOR
Wappen
13. EinsKtgt

KFOR
LogBtl
15. EinsKtgt

KFOR
Kosovo
17. EinsKtgt

KFOR
Kosovo
18. EinsKtgt

KFOR
Kosovo
Eins Btl
18. EinsKtgt

KFOR
Kosovo
20. EinsKtgt

KFOR
Ustg
20. EinsKtgt

KFOR
Kosovo
21. EinsKtgt Typ I

KFOR
Kosovo
21. EinsKtgt Typ II

KFOR
Kosovo
19. AutEinsKtgt
21. DeuEinsKtgt

KFOR
Kosovo
22. EinsKtgt

KFOR
Kosovo
24. EinsKtgt

KFOR
Kosovo
25. EinsKtgt

KFOR
Kosovo
26. EinsKtgt

KFOR
Kosovo
27. EinsKtgt

KFOR
Kosovo
28. EinsKtgt

KFOR
Kosovo
33. EinsKtgt

KFOR
Kosovo
34. EinsKtgt Typ I

KFOR
Kosovo
34. EinsKtgt Typ II

KFOR
Kosovo
35. EinsKtgt

KFOR
Kosovo
36. EinsKtgt

KFOR
Kosovo
38. EinsKtgt

KFOR
K, Kosovo
40. EinsKtgt

KFOR
Kosovo
41. EinsKtgt

⁂ SOUVENIRS AUS DEN EINSATZGEBIETEN ⁂

AUFNÄHER / PATCHES

KFOR
Kosovo
41. EinsKtgt

KFOR
Kosovo
42. EinsKtgt Typ I

KFOR
Kosovo
42. EinsKtgt Typ II

KFOR
Kosovo
43. EinsKtgt

KFOR
Kosovo
45. EinsKtgt

KFOR
Kosovo
48. EinsKtgt

KFOR
Kosovo
Wappen

KFOR
Kosovo
Pin

KFOR
Kosovo
Einsatzkompanie 2 C-Zug
09/11 bis 02/12

KFOR
Kosovo
DEUEinsKtgt
Einsatz Bataillon Typ I

KFOR
Kosovo
DEUEinsKtgt
Einsatz Bataillon Typ II

KFOR
Kosovo
DEUEinsKtgt
Einsatz Bataillon Typ III

KFOR
Kosovo
DEUEinsKtgt
Einsatz Bataillon Typ IV

KFOR
Kosovo
DEUEinsKtgt
Einsatz Bataillon / C Zug

KFOR
Kosovo
FschJgBtl
Einsatzzug 314

KFOR
Kosovo
DEUEinsKtgt
3./Einsatz Bataillon 1 / KpFü

KFOR
Kosovo
DEUEinsKtgt
Einsatz Bataillon 2 / LDF

KFOR
Kosovo
2./Einsatz Bataillon
2./gepJgKp

KFOR
Kosovo
1./Einsatz Bataillon
Juni - September 2006

KFOR
Kosovo
1./Einsatz Bataillon
Februar - Mai 2008

KFOR
Kosovo
1./Einsatz Bataillon
26. EinsKtgt

KFOR
Kosovo
2./Einsatz Bataillon 1
Camp Prizren

KFOR
Kosovo
Einsatz Kompanie 1
10. EinsKtgt

KFOR
Kosovo
EinsBtl Prizren
16. EinsKtgt

KFOR
Kosovo
Wappen mit
Germany Schriftzug

*** SOUVENIRS AUS DEN EINSATZGEBIETEN ***
AUFNÄHER / PATCHES

KFOR	KFOR	KFOR	KFOR	KFOR
Kosovo	Kosovo	Kosovo	Kosovo	Kosovo
3./Einsatz Bataillon	3./Einsatz Bataillon City Coy	Einsatz Bataillon 1	Einsatz Bataillon	Einsatz Bataillon
Februar - Mai 2008	23. Eins Ktgt	Typ I	Typ II	Typ III

KFOR	KFOR	KFOR	KFOR	KFOR
Kosovo	Kosovo	Kosovo	Kosovo	Kosovo
vstk Mech Btl 2	Kosovo Forces 2000	Einsatz Bataillon	Panzerartillerie Batterie	1./Einsatz Bataillon
Brustanhänger	Deutsches Kontingent	passt scho	Kosovo	Alpha - Zug

KFOR	KFOR	KFOR	KFOR	KFOR
Kosovo	Kosovo	Kosovo	Kosovo	Kosovo
Eloka Kp	Veteran	KFOR - Wappen	KFOR - Wappen	KFOR - Wappen
Mofa `99		Fernmeldetruppe Typ I	Fernmeldetruppe Typ II	Fernmeldetruppe Typ III

KFOR	KFOR	KFOR	KFOR	KFOR
Kosovo	Kosovo	Kosovo	Kosovo	Kosovo
2./FmBtl	FmBtl	FmBtl Stark	FmBtl	3./FmBtl / FmStff
KpFü	3. EinsKtgt	3.EinsKtgt	4.EinsKtgt	3. EinsKtgt Camp Airfield

KFOR	KFOR	KFOR	KFOR	KFOR
Kosovo	Kosovo	Kosovo	Kosovo	Kosovo
Wappen	1./Stab-FmBtl	2./FmBtl	Multinational Brigade South	MNB (S) FmBtl
Stabs-/Fernmeldebataillon	11. EinsKtgt	Kosovo	1. GesEinsKtgt	2.EinsKtgt

*** SOUVENIRS AUS DEN EINSATZGEBIETEN ***
AUFNÄHER / PATCHES

KFOR	KFOR	KFOR	KFOR	KFOR
Kosovo	Kosovo	Kosovo	FmStff - Camp Suva Reka	Kosovo
3./FmBtl	FmStff Cviljen	FmBtl	FmStff - Camp Casablanca	MNB (S) FmBtl
4.EinsKtgt	5. EinsKtgt	6. EinsKtgt	5. EinsKtgt / Kosovo	5. EinsKtgt

KFOR	KFOR	KFOR	KFOR	KFOR
Kosovo	Kosovo	Kosovo	Kosovo	Kosovo
FmBtl	FmStff	FmBtl	Fm/Elo Inst	Radarzug
8. EinsKtgt	Camp Toplicane	10. EinsKtgt	10. EinsKtgt	11. EinsKtgt

KFOR	KFOR	KFOR	KFOR	KFOR
Kosovo	Kosovo	Kosovo	Kosovo	Kosovo
FmBtl	FmBtl	FmBtl	FmBtl	FmBtl
11.EinsKtgt	12.EinsKtgt Typ I	12.EinsKtgt Typ II	13.EinsKtgt Typ I	13.EinsKtgt Typ II

KFOR	KFOR	KFOR	KFOR	KFOR
Kosovo	Kosovo	Kosovo	Kosovo	Kosovo
Luna Zug BKS II	FmBtl	FmBtl	FmBtl	FmBtl
14. EinsKtgt	15.EinsKtgt	17.EinsKtgt	18.EinsKtgt	19.EinsKtgt

KFOR	KFOR	KFOR	KFOR	KFOR
Kosovo	Kosovo	Kosovo	Kosovo	Kosovo
FmBtl	FMZ	FmKp	FMZ	IT-Zentrale
21.EinsKtgt	22.EinsKtgt	28.EinsKtgt	33.EinsKtgt	33.EinsKtgt

*** SOUVENIRS AUS DEN EINSATZGEBIETEN ***
AUFNÄHER / PATCHES

KFOR
Kosovo
FMZ
43. EinsKtgt

KFOR
Kosovo
EloKaZg
45. EinsKtgt

KFOR
Kosovo
EloKaZg
46. EinsKtgt Typ I

KFOR
Kosovo
EloKaZg
46. EinsKtgt Typ II

KFOR
Kosovo
FmTruppe
Kosovo

KFOR
Kosovo
FmStff
Toplicane / BarcadyStyle

KFOR
Kosovo
FmStff / Camp Toplicane
2. EinsKtgt

KFOR
Kosovo
FmStff
Camp Tetovo

KFOR
Kosovo
FMZ
Camp Toplicane

KFOR
Kosovo
G3 Air
Heeresflieger

KFOR
Kosovo
Line Men
Pristina 1999/2000

KFOR
Kosovo
Fire Depardment
Toplikane und Airfield

KFOR
Kosovo
Toplicane Feuerwehr
7. EinsKtgt 2003

KFOR
Kosovo
Fire Brigade Prizren
8. EinsKtgt

KFOR
Kosovo
Fire Brigade Prizren
9. EinsKtgt

KFOR
Kosovo
Fire Brigade Prizren
10. EinsKtgt

KFOR
Kosovo
Fire Brigade Prizren
28. EinsKtgt

KFOR
Kosovo
Fire Brigade Toplicane
8. EinsKtgt YeeHaa

KFOR
Kosovo
Fire Brigade Toplicane
27. EinsKtgt

KFOR
Kosovo
Fire Brigade Prizren
38. EinsKtgt

KFOR
Kosovo
Fire Brigade Prizren
42. EinsKtgt

KFOR
Kosovo
Fire Brigade Prizren
German Firefighte

KFOR
Kosovo
German Firefighter
Department Erebino

KFOR
Kosovo
Fire Brigade Pristina
Film City

KFOR
Kosovo
Feuerwehr
Prizren 2008

*** SOUVENIRS AUS DEN EINSATZGEBIETEN ***
AUFNÄHER / PATCHES

KFOR	KFOR	KFOR	KFOR	KFOR
Kosovo	Kosovo	Kosovo	Kosovo	Kosovo
Fire Brigade	Feuerwehr Toplicane	Fire Brigade	Feuerwehr	Militärfeuerwehr
Airbase Toplicane	gem.HFlgAbt Merkur	Camp Toplicane	Bundeswehr	Camp Prizren

KFOR	KFOR	KFOR	KFOR
Kosovo	Kosovo	Kosovo	Kosovo
German Defense Force	German Defense Force	Firefighter	gem. HFlg Abt
Firefighter	Firefighter - Coin	Camp Toplicane	3. Eins Ktgt

KFOR	KFOR	KFOR	KFOR	KFOR
Kosovo	Kosovo	Kosovo	Kosovo	Kosovo
Medevac Dust Off Toplicane	gem. HFlg Abt	Heeresflieger / Area 53	Heeresflieger / TF Merkur	gem. HFlg Abt
4. Eins Ktgt	4. Eins Ktgt	4. Eins Ktgt	4. Eins Ktgt	Camp Toplicane 2002

KFOR	KFOR	KFOR	KFOR	KFOR
Kosovo	Kosovo	Kosovo	Kosovo	Kosovo
gem. HFlg Abt / Taxi Drivers	gem. HFlg Abt	Heeresflieger	Heeresflieger / TF Mercur	Heeresflieger / TF Mercur
Camp Toplicane 5. EinsKtgt	Camp Toplicane 6. EinsKtgt	7. Eins Ktgt	7. Eins Ktgt	8. Eins Ktgt

KFOR	KFOR	KFOR	KFOR	KFOR
Kosovo	Kosovo	Kosovo	Kosovo	Kosovo
Heeresflieger	Heeresflieger /TF Merkur	Heeresflieger	Heeresflieger / TF Mercur	Heeresflieger / TF Mercur
12. Eins Ktgt	14. Eins Ktgt	23. Eins Ktgt	24. Eins Ktgt grau	24. Eins Ktgt grau-groß

*** SOUVENIRS AUS DEN EINSATZGEBIETEN ***
AUFNÄHER / PATCHES

KFOR	KFOR	KFOR	KFOR	KFOR
Kosovo	Kosovo	Kosovo	Kosovo	Kosovo
Heeresflieger / TF Mercur	gem. HFlg Abt 2010	Heeresflieger	Heeresflieger	Heeresflieger / Area 53
24. Eins Ktgt weiss	Camp Toplicane	Ariane / Area 53	Fliegen Staffel Toplicane	Camp Toplicane

KFOR	KFOR	KFOR	KFOR	KFOR
Kosovo	Kosovo	Kosovo	Kosovo	Kosovo
Heeresflieger CH-53	Heeresflieger	gem. HFlg Abt	Task Force Merkur	gem. HFlgAbt
The Elefants	Toplicane Lager Bier	Kosovo	Heeresflieger Stab	Stabsstaffel

KFOR	KFOR	KFOR	KFOR	KFOR
Kosovo	Kosovo	Kosovo	Kosovo	Kosovo
Area 53 - MTH-Gruppe	Heeresfliege	Task Force Prizren	Task Force Prizren	Task Force Prizren
Toplicane 2000	The Barons / Toplicane	Typ I	Typ II	Brustanhänger

KFOR	KFOR	KFOR	KFOR	KFOR
Kosovo	Kosovo	Kosovo	Kosovo	Kosovo
Task Force Prizren	TF Prizren	Task Force Merkur	Task Force Merkur	Task Force Merkur
Typ III	Einsatzbataillon	Kosovo	10. EinsKtgt	16. EinsKtgt

KFOR	KFOR	KFOR	KFOR	KFOR
Kosovo	Kosovo	Kosovo	Kosovo	Kosovo
Task Force Merkur	Task Force Merkur	Task Force Merkur	Task Force Merkur	6. /Nachschubkompanie
17. EinsKtgt	10. EinsKtgt / Brustanhänger	Svilien - Club	X-Mas Tour 2004/05	1. EinsKtgt

*** SOUVENIRS AUS DEN EINSATZGEBIETEN ***
AUFNÄHER / PATCHES

KFOR	KFOR	KFOR	KFOR	KFOR
Kosovo	Kosovo	Kosovo	Kosovo	Kosovo
LogRgt Inst Kp A	LogRgt Inst Kp A	LogRgt Trsp Kp	Feldlagerbetriebszug	NschKp MVG
1. EinsKtgt Typ I	1. EinsKtgt Typ II	1. EinsKtgt	Mazedonien 2. EinsKtgt	2. EinsKtgt

KFOR	KFOR	KFOR	KFOR	KFOR
Kosovo	Kosovo	Kosovo	Kosovo	Kosovo
LogRgt / Inst Kp A	EinsUstgRgt	EinsUstgRgt	LogRgt TrspKp	LogRgt TrspKp
2. EinsKtgt	2. EinsKtgt weiss	2. EinsKtgt blau	2.EinsKtgt Typ I	2.EinsKtgt Typ II

KFOR	KFOR	KFOR	KFOR	KFOR
Kosovo	Kosovo	Kosovo	Kosovo	Kosovo
LogRgt / NschUgKp	Gesamtkontingent	Nachschubkompanie	St/VersKp 1999	NschKp NVG/EVG
2. EinsKtgt	2. EinsKtgt	NVG / EVG	3. Kontingent	3. EinsKtgt

KFOR	KFOR	KFOR	KFOR	KFOR
Kosovo	Kosovo	Kosovo	Kosovo	Kosovo
InstKp A	InstKp B	NschKp MVG	NschUgKp	St/VersKp
3. EinsKtgt	3. EinsKtgt	3. EinsKtgt	3. EinsKtgt	3.EinsKtgt

KFOR	KFOR	KFOR	KFOR	KFOR
Kosovo	Kosovo	Kosovo	Kosovo	Kosovo
Logistikregiment	Logistikregiment	Logistikregiment InstKp A	LogRgt / UstgKp Maz	LogRgt / UstgKp Maz
3. EinsKtgt	4. EinsKtgt	4. EinsKtgt	4. EinsKtgt Typ I	4. EinsKtgt Typ II

*** SOUVENIRS AUS DEN EINSATZGEBIETEN ***
AUFNÄHER / PATCHES

KFOR
Kosovo
LogRgt / 3./gemNschKp
4. EinsKtgt

KFOR
Kosovo
Logistikregiment
St/VersKp / 4. EinsKtgt

KFOR
Kosovo
Logistikregiment
InstKp A / 4. EinsKtgt

KFOR
Kosovo
Logistikregiment
5. EinsKtgt

KFOR
Kosovo
Logistikregiment / St/
VersKp / 5. EinsKtgt

KFOR
Kosovo
Kraftstoffgruppe
5. EinsKtgt

KFOR
Kosovo
Logistikregiment
5. EinsKtgt

KFOR
Kosovo
UstgKp
5.EinsKtgt

KFOR
Kosovo
Nachschieber / vstk.PiBtl
6. EinsKtgt

KFOR
Kosovo
Logistikbataillon
InstKp A / 6. EinsKtgt

KFOR
Kosovo
Logistikbataillon
6. EinsKtgt

KFOR
Kosovo
Logistikbataillon /
NschKp /6.EinsKtgt

KFOR
Kosovo
Logistikbataillon
InstKp B / 6. EinsKtgt

KFOR
Kosovo
Logistikbataillon
InstKp A / 7. EinsKtgt

KFOR
Kosovo
Logistikbataillon
StVersKp / 7. EinsKtgt

KFOR
Kosovo
1. TrspGrp Multi
7. EinsKtgt

KFOR
Kosovo
Logistikbataillon
7. EinsKtgt

KFOR
Kosovo
Logistikbataillon
8. EinsKtgt

KFOR
Kosovo
Logistikbataillon / StVersKp
8. EinsKtgt Typ I

KFOR
Kosovo
Logistikbataillon / StVersKp
8. EinsKtgt Typ II

KFOR
Kosovo
InstKp / I.Zug
9. EinsKtgt

KFOR
Kosovo
Logistikbataillon / InstKp
9. EinsKtgt

KFOR
Kosovo
Logistikbataillon
NschKp / 9. EinsKtgt

KFOR
Kosovo
Logistikbataillon
Klima / 10. EinsKtgt

KFOR
Kosovo
Logistikbataillon
11. EinsKtgt

*** SOUVENIRS AUS DEN EINSATZGEBIETEN ***
AUFNÄHER / PATCHES

KFOR	KFOR	KFOR	KFOR	KFOR
Kosovo	Kosovo	Kosovo	Kosovo	Kosovo
Logistikbataillon	Logistikbataillon / Kran	Logistikbataillon	Logistikbataillon / Sprittis	Logistikbataillon / InstKp
12. EinsKtgt	13. EinsKtgt	15. EinsKtgt	16. EinsKtgt	17. EinsKtgt

KFOR	KFOR	KFOR	KFOR	KFOR
Kosovo	Kosovo	Kosovo	Kosovo	Kosovo
Logistikbataillon	Feldküche	Logistikbataillon	Logistikbataillon	Nachschubkompanie
17. EinsKtgt	18. EinsKtgt	BravoZug / 18. EinsKtgt	18. EinsKtgt	18. EinsKtgt

KFOR	KFOR	KFOR	KFOR	KFOR
Kosovo	Kosovo	Kosovo	Kosovo	Kosovo
Logistikbataillon / InstKp	UstgGrp Kraftstoff	Logistikbataillon	Logistikbataillon	Logistikbataillon / InstKp
19. EinsKtgt	20. EinsKtgt	21. EinsKtgt	21. EinsKtgt	21. EinsKtgt

KFOR	KFOR	KFOR	KFOR	KFOR
Kosovo	Kosovo	Kosovo	Kosovo	Kosovo
Logistikbataillon	UstgZug MVG	Logistikbataillon	Logistikbataillon / Sprittis	Logistikbataillon / InstKp
23/24. EinsKtgt	25. EinsKtgt	TechGrp / 26. EinsKtgt	26. EinsKtgt	27. EinsKtgt

KFOR	KFOR	KFOR	KFOR	KFOR
Kosovo	Kosovo	Kosovo	Kosovo	Kosovo
Logistikbataillon / Sprittis	LogBtl/EinsStOKüche	Vers und MunTrp	Logistikbataillon /TrspGrp	Logistikbataillon / TrspGrp
27. EinsKtgt	27. EinsKtgt	29. EinsKtgt	31. EinsKtgt hellblau	31. EinsKtgt dunkelblau

*** SOUVENIRS AUS DEN EINSATZGEBIETEN ***
AUFNÄHER / PATCHES

KFOR	KFOR	KFOR	KFOR	KFOR
Kosovo	Kosovo	Kosovo	Kosovo	Kosovo
Logistikbataillon	Logistikbataillon	Logistikbataillon	Logistikbataillon	Logistikbataillon
El Patron`s / 31. EinsKtgt	StVersKp / 32. EinsKtgt	StVersKp / 33. EinsKtgt	MatGrp / 34. EinsKtgt	TechZug / 34. EinsKtgt

KFOR	KFOR	KFOR	KFOR	KFOR
Kosovo	Kosovo	Kosovo	Kosovo	Kosovo
Logistikbataillon	Logistikbataillon	LogBtl / Camp Command	Logistikbataillon	Logistikbataillon / EloInst
FlgrBtrb / 34. EinsKtgt	MatGrp / 39. EinsKtgt	39. EinsKtgt	TechZug / 39. EinsKtgt	39. EinsKtgt

KFOR	KFOR	KFOR	KFOR	KFOR
Kosovo	Kosovo	Kosovo	Kosovo	Kosovo
Logistikbataillon	Mat-Gruppe	Logistikbataillon	Pioniere	Freedom Fries
RadKette / 44. EinsKtgt	44. EinsKtgt	44. EinsKtgt	Kosovo	MunFeldDepot

KFOR	KFOR	KFOR	KFOR	KFOR
Kosovo	Kosovo	Kosovo	Kosovo	Kosovo
Dachs	Feldlagerbetriebskompanie	Logistikbataillon	Logistikbataillon	Logistikbataillon
Räumtrupp		Kosovo Typ I	Kosovo Typ II	Kosovo Typ III

KFOR	KFOR	KFOR	KFOR	KFOR
Kosovo	Kosovo	Kosovo	Kosovo	Kosovo
Logistikbataillon	KFOR - Wappen	KFOR - Wappen	Heereskraftfahre	Betriebstoffgruppe
Kosovo Typ IV	Logistik weiss	Logistik rot	Forever	Kosovo 2000

*** SOUVENIRS AUS DEN EINSATZGEBIETEN ***
AUFNÄHER / PATCHES

KFOR	KFOR	KFOR	KFOR	KFOR
Kosovo	Kosovo	Kosovo	Kosovo	Kosovo
KFOR - Wappen	Mixed Transport Platoon	Liquid Transport Platoon	Versorgungsbataillon	Versorgungsbataillon
Unterstützungsbataillon	/ MLU	/ MLU	St/VersKp	TrspKp

KFOR	KFOR	KFOR	KFOR	KFOR
Kosovo	Kosovo	Kosovo	Kosovo	Kosovo
Kommando	Kran Gruppe	NVG-Team	St/VersKp	MNB (S)
Spezial Inst	Kosovo	Totenkopf	MunTrp	St/VersKp Wartung

KFOR	KFOR	KFOR	KFOR	KFOR
TBD	TGM	Kosovo	Kosovo	Kosovo
Prizren	Prizren	UstgKp	1.LwStoV	Ohrid 1999
		MKD	TE070	1. DeuLwKtgt

KFOR	KFOR	KFOR	KFOR	KFOR
Kosovo	Kosovo	Mazedonien	Mazedonien	Mazedonien
Mazedonien	LTG61 / LTG63	Tetovo	DtA abg FlPlZg Skopje	DtA abg FlPlZg Skopje
TrspKp / KontiZug	2.KtgtLw	3. EinsKtgt	4. EinsKtgt	5. EinsKtgt

KFOR	KFOR	KFOR	KFOR	KFOR
Kosovo	Kosovo	Kosovo	Kosovo	Kosovo
Be a Crew Chief!	Start Lande Trp	Flugplatzgruppe Pristina	Flugplatzgruppe Pristina	Dt A MNLU
8.+ 9. EinsKtgt	11. EinsKtgt	16. EinsKtgt	20. EinsKtgt	27. EinsKtgt

*** SOUVENIRS AUS DEN EINSATZGEBIETEN ***

AUFNÄHER / PATCHES

KFOR	KFOR	KFOR	KFOR	KFOR
Kosovo	Kosovo	Kosovo	Kosovo	Kosovo
LwSichKp	LwSichZg / 1.Grp	LwSichZg / 3.Grp	LwSichZg	LwSichZg
Kosovo	27. EinsKtgt	27. EinsKtgt	28. EinsKtgt	31. EinsKtgt

KFOR	KFOR	KFOR	KFOR	KFOR
Kosovo	Kosovo	Kosovo	Kosovo	Kosovo
Flugplatzgruppe Pristina	Flugplatzgruppe Pristina	Luftwaffe	Flugplatzgruppe	Luftwaffe
38. EinsKtgt	48. EinsKtgt	Toplicane 2004	Pristina	

KFOR	KFOR	KFOR	KFOR	KFOR
Kosovo	Kosovo	Kosovo	Kosovo	Kosovo
Multinational Force	Heli Taxi	LwKFZTrspStff	Luftwaffe - Typ I	Luftwaffe - Typ II
APOD Pristina	Luftwaffe Toplicane	41 EinsKtgt	Toplicane Lager Bier	Toplicane Lager Bier

KFOR	KFOR	KFOR	KFOR	KFOR
Kosovo	Kosovo	Kosovo	Kosovo	Kosovo
Luftwaffengeschwader 1	MNLU	MNLU	Forces	Luna
SFOR	MNBG (S)	Transport Gruppe	Luftwaffe	Kosovo

KFOR	KFOR	KFOR	KFOR	KFOR
Kosovo	Kosovo	Kosovo	Kosovo	Kosovo
TrspZg	KFOR - Wappen	KFOR - Wappen	Feldjäger	Feldjägerkompanie
LwCont 2003	Feldjäger	Feldjäger - Pin	3. EinsKtgt	4. EinsKtgt

*** SOUVENIRS AUS DEN EINSATZGEBIETEN ***
AUFNÄHER / PATCHES

KFOR	KFOR	KFOR	KFOR	KFOR
Kosovo	Kosovo	Kosovo	Kosovo	Kosovo
Feldjägerkompanie	Feldjägerkompanie	Feldjägerkompanie	Feldjägerkompanie	Feldjägerkompanie
4. EinsKtgt	14. EinsKtgt	MNTF (S) 18. EinsKtgt	MNTF (S) 22. EinsKtgt	MNTF (S) 23. EinsKtgt

KFOR	KFOR	KFOR	KFOR	KFOR
Kosovo	Kosovo	Kosovo	Kosovo	Kosovo
Feldjägerkompanie	Feldjägerkompanie	Feldjägerkompanie	Feldjägerkompanie	Feldjägerkompanie
MNBG (S) 25. EinsKtgt	MNBG (S) 26. EinsKtgt	MNBG (S) 29. EinsKtgt	MNBG (S) 35. EinsKtgt	MNBG (S) 37. EinsKtgt

KFOR	KFOR	KFOR	KFOR	KFOR
Kosovo	Kosovo	Kosovo	Kosovo	Kosovo
Feldjäger / SkyMarshal	Kickerturnier MP / San	Feldjägerkompanie	Feldjägerkompanie	Feldjägerkompanie
41. EinsKtgt	42. EinsKtgt	MNBG (S) 43. EinsKtgt	MNBG (S) 44. EinsKtgt	MNBG (S) 47. EinsKtgt

KFOR	KFOR	KFOR	KFOR	KFOR
Kosovo	Kosovo	Kosovo	Kosovo	Kosovo
Close Protection Team	MP / German Air Marshal	Close Protection Team	Close Protection Team	FJgEinsKp
SUUM CUIQUE	Group	DCOM Typ I	DCOM Typ II	Prizren

KFOR	KFOR	KFOR	KFOR	KFOR
Kosovo	Kosovo	Kosovo	Kosovo	Kosovo
Personenschutz	MP	MP / Camp Suva Reka	MP / Camp Suva Reka	PzPiKp
COM MNB SW	International	Typ I	Typ II	3. EinsKtgt

*** SOUVENIRS AUS DEN EINSATZGEBIETEN ***

AUFNÄHER / PATCHES

KFOR	KFOR	KFOR	KFOR	KFOR
Kosovo	Kosovo	Kosovo	Kosovo	Kosovo
FldLgBtrKp	FldLgBtrKp	vstk.PiBtl	PiBtl	PiBtl Kosovo
3. EinsKtgt	Kosovo	3. EinsKtgt	Kosovo	Brustanhänger

KFOR	KFOR	KFOR	KFOR	KFOR
Kosovo	Kosovo	Kosovo	Kosovo	Kosovo
5./vstk PiBtl	St/VersKp	2. vstk PiBtl	FldLgBtrKp	FldLgBtrKp
Sich Kp	5. gem EinsKtgt	5. EinsKtgt	6. EinsKtgt	7. EinsKtgt

KFOR	KFOR	KFOR	KFOR	KFOR
Kosovo	Kosovo	Kosovo	Kosovo	Kosovo
Energiegruppe Typ I	Energiegruppe Typ II	FldLgBtrKp	PiKp	FldLgBtrKp
8. EinsKtgt	8. EinsKtgt	9. EinsKtgt	3. EinsKtgt	12. EinsKtgt

KFOR	KFOR	KFOR	KFOR	KFOR
Kosovo	Kosovo	Kosovo	Kosovo	Kosovo
HydraulikPionier & Spez	FldLgBtrKp	FldLgBtrKp	Feldlager Abbau Gruppe	FldLgBtrKp
18. EinsKtgt	26. EinsKtgt	28. EinsKtgt	31. EinsKtgt	34. EinsKtgt

KFOR	KFOR	KFOR	KFOR
Kosovo	Kosovo	Kosovo	Kosovo
EOD	EOD	EinsWehrVerwaltungs-	Engineers
IEDD	Kosovo	Stelle Kosovo	Kosovo

*** SOUVENIRS AUS DEN EINSATZGEBIETEN ***
AUFNÄHER / PATCHES

KFOR	KFOR	KFOR	KFOR	KFOR
Kosovo	Kosovo	Kosovo	Kosovo	Kosovo
PzPiKp	vstk PiBtl	vstk PiBtl	MNTF (S)	Pio Team
2. EinsKtgt	Kosovo Typ I	Kosovo Typ II	Pio Team	Kosovo

KFOR	KFOR	KFOR	KFOR	KFOR
Kosovo	Kosovo	Kosovo	Kosovo	Kosovo
1./vstk PiBtl / FmZug	Wappen	PiBauKp	vstk PiBtl	PzPiKp
Camp Casablanca	Pio	Kosovo	EOD	Kosovo

KFOR	KFOR	KFOR	KFOR
Kosovo	Kosovo	Kosovo	Kosovo
43. DEUEinsKtgt	1.vstk PiBtl	1.vstk PiBtl	PiKp
Engineer	Kosovo	Fm Zug	EOD

KFOR	KFOR	KFOR	KFOR	KFOR
Kosovo	Kosovo	Kosovo	Kosovo	Kosovo
1./SanEinsBtl	1./SanEinsBtl	1./SanEinsVbd	SanEinsVbd	2.SanEinsVbd
Typ I	Typ II	Prizren	1. EinsKtgt	Radiologie

  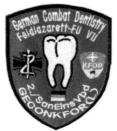  

KFOR	KFOR	KFOR	KFOR	KFOR
Mazedonien	Kosovo	Kosovo	Kosovo	Kosovo
Rettungszentrum(-)	SanEinsVbd	2.SanEinsVbd	Medevac Kompanie	SanEinsBtl
2. EinsKtgt	2. EinsKtgt	Feldlazarett-FU II	2. EinsKtgt	3. EinsKtgt

*** SOUVENIRS AUS DEN EINSATZGEBIETEN ***
AUFNÄHER / PATCHES

KFOR	KFOR	KFOR	KFOR	KFOR
Kosovo	Kosovo	Kosovo	Kosovo	Kosovo
2./SanRgt / KRKW-Zug	SanEinsVbd	Feldhospital / Chirugie	Rettungszentrum Tetovo	2./ SanEinsBtl
3. EinsKtgt	3. EinsKtgt	3. EinsKtgt	3. EinsKtgt	3. EinsKtgt

KFOR	KFOR	KFOR	KFOR	KFOR
Mazedonien	Kosovo	Kosovo	Kosovo	Kosovo
SanEinsVbd	VerbandPlatzGrp Orahovac	SanEinsVbd	Intensivstation, Aufwachraum	SanEinsVbd
4. EinsKtgt	4. EinsKtgt	4. EinsKtgt	4. EinsKtgt	5. EinsKtgt

KFOR	KFOR	KFOR	KFOR	KFOR
Kosovo	Kosovo	Kosovo	Kosovo	Kosovo
SanEinsVbd	Wartungsgruppe	SanEinsVbd	SanEinsVbd	SanZug Medics / ORF-Btl
6. EinsKtgt	VI SanEinsVbd	7. EinsKtgt	8. EinsKtgt	8. EinsKtgt

KFOR	KFOR	KFOR	KFOR	KFOR
Kosovo	Kosovo	Kosovo	Kosovo	Kosovo
SanEinsVbd	SanEinsVbd	Medevac Kp / Brustanhänger	Abteilung X Anästhesie	Emergency Room
9. EinsKtgt	10. EinsKtgt	11. EinsKtgt	12. EinsKtgt	13. EinsKtgt

KFOR	KFOR	KFOR	KFOR	KFOR
Kosovo	Kosovo	Kosovo	Kosovo	Kosovo
Medavac Kp	SanZug / Medics	SanEinsVbd	Medevac Kp	SanEinsVbd
13. EinsKtgt	14. EinsKtgt	14. EinsKtgt	18. EinsKtgt	21. EinsKtgt

*** SOUVENIRS AUS DEN EINSATZGEBIETEN ***
AUFNÄHER / PATCHES

KFOR
Kosovo
SanEinsVbd
Schirrmeister / 23. EinsKtgt

KFOR
Kosovo
MedevacKp
24. EinsKtgt

KFOR
Kosovo
Abt. X / NFA, ITS, Anäst.
25. EinsKtgt

KFOR
Kosovo
Lost in the SanEinsVbd
January - Mai 2010

KFOR
Kosovo
SanEinsVbd / Stab-VersZug
26. EinsKtgt

KFOR
Kosovo
Medevac Kp
27. EinsKtgt

KFOR
Kosovo
SanEinsVbd
28. EinsKtgt

KFOR
Kosovo
MedevacKp
28. EinsKtgt

KFOR
Kosovo
SanEinsKp
31. EinsKtgt

KFOR
Kosovo
SanEinsVbd
31. EinsKtgt

KFOR
Kosovo
SanShineBar
32. EinsKtgt

KFOR
Kosovo
MedevacKp
35. EinsKtgt

KFOR
Kosovo
SanEinsKp
35. EinsKtgt

KFOR
Kosovo
SanZug
37. EinsKtgt

KFOR
Kosovo
SanEinsKp
37. EinsKtgt

KFOR
Kosovo
SanEinsKp
39. EinsKtgt

KFOR
Kosovo
SanEinsKp / NFA
41. EinsKtgt

KFOR
Kosovo
SanEinsKp
42. EinsKtgt

KFOR
Kosovo
SanEinsKp
43. EinsKtgt

KFOR
Kosovo
SanEinsKp
44. EinsKtgt Typ I

KFOR
Kosovo
SanEinsKp
44. EinsKtgt Typ II

KFOR
Kosovo
SanEinsKp / SanHyg
44. EinsKtgt

KFOR
Kosovo
SanEinsKp
46. EinsKtgt

KFOR
Kosovo
Zahnarztgruppe
48. EinsKtgt

KFOR
Kosovo
SanEinsKp
48. EinsKtgt

*** SOUVENIRS AUS DEN EINSATZGEBIETEN ***
AUFNÄHER / PATCHES

KFOR	KFOR	KFOR	KFOR	KFOR
Kosovo	Kosovo	Kosovo	Kosovo	Kosovo
General Medicine	Heeresbergführer	Blaue Engel Prizren	Feldhospital	Einsatzlazarett
Prizren	Sanitäter	1999 - 2000	Urologie	Prizren

KFOR	KFOR	KFOR	KFOR	KFOR
Kosovo	Kosovo	Kosovo	Kosovo	Kosovo
Einsatzlazarett Prizren	ÖRA	SanEinsVbd	SanEinsVbd	Labor Elite
Emergency Room	im Einsatz	ÖRA	Laborgruppe	48. EinsKtgt

KFOR	KFOR	KFOR	KFOR	KFOR
Kosovo	Kosovo	Kosovo	Kosovo	Kosovo
Eisatzlazarett	SanEinsVbd	MEDICS	MEDICS	RCC
Pflege	Mat Mafia	Typ I	Typ II	Prizren

KFOR	KFOR	KFOR	KFOR	KFOR
Kosovo	Mazedonien	Kosovo	Kosovo	Kosovo
Medevac Kp	Rettungszentrum	SanEinsBtl	SanEinsVbd	SanEinsVbd
Prizren	Tetovo 2000	Prizren	DEUEinsKtgt	DEUEinsKtgt

KFOR	KFOR	KFOR	KFOR	KFOR
Kosovo	Kosovo	Kosovo	Kosovo	Kosovo
Task Force Zur hell	Task Force Zur oliv	Task Force Zur	Task Force Zur	Task Force Zur
Typ I	Typ I	Typ I / Brustanhänger	Typ II	Typ III

*** SOUVENIRS AUS DEN EINSATZGEBIETEN ***
AUFNÄHER / PATCHES

KFOR	KFOR	KFOR	KFOR	KFOR
Kosovo	Kosovo	Kosovo	Kosovo	Kosovo
Task Force Zur	Task Force Zur	Task Force Zur		Task Force Zur
Typ III a	Typ IV	Typ V		Typ VI

KFOR	KFOR	KFOR	KFOR	KFOR
Kosovo	Kosovo	Kosovo	Kosovo	Kosovo
Task Force Zur	Task Force Zur	Task Force Dulje	Task Force Dulje	Task Force Dulje
Typ VI a	4. EinsKtgt	Aufklärungs Zug	CIMIC	Typ I

KFOR	KFOR	KFOR	KFOR	KFOR
Kosovo	Kosovo	Kosovo	Kosovo	Kosovo
Task Force Dulje	Task Force Dulje	Task Force Dulje	Task Force Dulje	ORF
Brustanhänger	Typ I oliv	Typ III	Typ IV	8. EinsKtgt

KFOR	KFOR	KFOR	KFOR	KFOR
Kosovo	Kosovo	Kosovo	Kosovo	Kosovo
8. EinsKtgt / Brustan-	ORF	ORF	ORF	ORF
hänger	9. EinsKtgt	10./ Kontingent	25. EinsKtgt	II / 2005

KFOR	KFOR	KFOR	KFOR	KFOR
Kosovo	Kosovo	Kosovo	Kosovo	Kosovo
ORF	ORF	ORF	ORF	ORF
I / 2006	II / 2007	II / 2008	I / 2010	I / 2011

*** SOUVENIRS AUS DEN EINSATZGEBIETEN ***
AUFNÄHER / PATCHES

| KFOR Kosovo ORF 2012 | KFOR Kosovo ORF / SanEinsStff I / 2012 | KFOR Kosovo ORF / SanEinsStff I / 2012 | KFOR Kosovo ORF / Inst I / 2012 | KFOR Kosovo ORF / Waffen Inst I / 2012 |

| KFOR Kosovo ORF / VersKr I / 2012 | KFOR Kosovo ORF / B-Zug II / 2012 | KFOR Kosovo ORF / GerZg I / 2013 | KFOR Kosovo ORF I / 2014 | KFOR Kosovo ORF / GerZg II / 2014 |

| KFOR Kosovo ORF / GerZg I / 2015 | KFOR Kosovo ORF / GerZg I / 2015 | KFOR Kosovo ORF II / 2015 | KFOR Kosovo ORF / GerZg II / 2015 | KFOR Kosovo ORF II / 2015 |

| KFOR Kosovo ORF Clib Zelt 54 | KFOR Kosovo ORF Fm Zug | KFOR Kosovo ORF / GerZg 2017 | KFOR Kosovo ORF / GerZg Kosovo | KFOR Kosovo ORF / GerZg Camp Suva Reka |

| KFOR Kosovo ORF MP | KFOR Kosovo ORF NATO | KFOR Kosovo ORF Kosovo Typ I | KFOR Kosovo ORF Kosovo Typ II | KFOR Kosovo ORF Typ II Brustanhänger |

*** SOUVENIRS AUS DEN EINSATZGEBIETEN ***
AUFNÄHER / PATCHES

KFOR	KFOR	KFOR	KFOR	KFOR
Kosovo	Kosovo	Kosovo	Kosovo	Kosovo
ORF	ORF / VersKr	Bosnien ?!?	PSF	B-Modul 05
Kosovo Typ III	Kosovo	3. EinsKtgt	7. EinsKtgt	11. EinsKtgt

KFOR	KFOR	KFOR	KFOR	KFOR
Kosovo	Kosovo	Kosovo	Kosovo	Kosovo
VstkKr - Bravo Zug	Millenium Bar	Hobelbank	VstkKr	San Shine Bar - Pokerliga
16. EinsKtgt	20 EinsKtgt	27. EinsKrgt	27.EinsKtgt	30.EinsKtgt

KFOR	KFOR	KFOR	KFOR	KFOR
Kosovo	Kosovo	Kosovo	Kosovo	Kosovo
San Shine Bar	Marketender	1. Cviljen Pilgerfahrt	Gelblicht meets all	Drehstuhl Ranger
31.EinsKtgt	31.EinsKtgt	38.EinsKtgt	38.EinsKtgt	39.EinsKtgt

KFOR	KFOR	KFOR	KFOR	KFOR
Kosovo	Kosovo	Kosovo	Kosovo	Kosovo
Mun Ranch	I kill you	Baudezernat	Radio Andernach	Chicken Leg
47.EinsKtgt	Achmed Dead Terrorist	Brustanhänger	Team KFOR	Operation Elbe

KFOR	KFOR	KFOR	KFOR	KFOR
Kosovo	Kosovo	Kosovo	Kosovo	Kosovo
Ev Militärseelsorge	Infostelle Militärische	Abflieger	Teufelsküche	Küchenbullen
Wo fängt dein Himmel an?	Nachrichtenlage	13. EinsKtgt	11.EinsKtgt	MC Food - Prizren

*** SOUVENIRS AUS DEN EINSATZGEBIETEN ***
AUFNÄHER / PATCHES

KFOR	KFOR	KFOR	KFOR	KFOR
Kosovo	Kosovo	Kosovo	Kosovo	Kosovo
Küchenbullen	Feldgasthof Helidrom	Feldpost	Feldpost	Feldpost
Alles richtig gemacht!	Camp Toplicane	Kosovo	Brustanhänger	KFOR 2001 Typ I

KFOR / Kosovo / Feldpost / KFOR 2001 Typ II

KFOR / Kosovo / Feldpost / KFOR 2002

KFOR / Kosovo / ..täglich grüßt das Murmeltier / Camp Toplicane 2003/04

KFOR / Kosovo / OASE / „Ohne Arbeit Sich Erholen" / Einsatzbetreuung Typ I

KFOR / Kosovo / OASE / Einsatzbetreuung Typ II

KFOR / Kosovo / OASE / Einsatzbetreuung Typ III

KFOR / Kosovo / Klasse Ferien Ohne Rechnung

KFOR / Kosovo / HQ - Sauns Training Team / Film City

KFOR / Kosovo / Maz & More / Tab Patch

KFOR / Kosovo / Club San Shine Bar / Camp Pritzren

KFOR / Kosovo / Scheiß Drogen / Camp Toplicane

KFOR / Kosovo / TOC Airfield / 26. EinsKtgt

KFOR / Kosovo / UNO Special Team / Kosovo

KFOR / Kosovo / Zitadelle 1738m / Kosovo

KFOR / Kosovo / Weihnachten 2010 / Camp Toplicane

KFOR / Kosovo / FinBn / A-Coy

KFOR / Kosovo / Fincon / Dolmetscher / Übersetzer

KFOR / Kosovo / Fincon / IMP Pristina

KFOR / Kosovo / franz.Airpoint / Petrovec / Mazedonien

KFOR / Kosovo / franz.Airport / Petrovec / Mazedonien

*** SOUVENIRS AUS DEN EINSATZGEBIETEN ***

AUFNÄHER / PATCHES

KFOR
Kosovo
Detachement Harfang
KFOR IER Mandat

KFOR
Kosovo
Rep France
Pristina

KFOR
Kosovo
SN France
Bataillon Logistique

KFOR
Kosovo
BCS
Kosovo

KFOR
Kosovo
CMAD BATGEN
1999 - 2000

KFOR
Kosovo
Military Police
Kosovo

KFOR
Kosovo
MSU
Alpha Coy

KFOR
Kosovo
MSU
Alpha Coy a

KFOR
Kosovo
MSU
Alpha Coy b

KFOR
Kosovo
MSU
Bravo Coy

KFOR
Kosovo
MSU
Batalion COM

KFOR
Kosovo
MSU
D.DOS

KFOR
Kosovo
MSU
G3 D-Chief

KFOR
Kosovo
MSU
HQ GB Chief

KFOR
Kosovo
MSU
INFO Team

KFOR
Kosovo
MSU
Investigation Team

KFOR
Kosovo
MSU
Regiment HQ

KFOR
Kosovo
Franz. Kontingent
Brustanhänger

KFOR
Kosovo
griechisches Kontingent
Kosovo

KFOR
Kosovo
Medical Center
APOD Pristina

KFOR
Kosovo
11(NL)ArtyBn
Kosovo

KFOR
Kosovo
The Netherlands
Kosovo

KFOR
Kosovo
KFOR - Wappen
Niederlande

KFOR
Kosovo
1(NL)GNHULPBAT
Kosovo

KFOR
Kosovo
41(NL)ArtyBnRA
Kosovo

*** SOUVENIRS AUS DEN EINSATZGEBIETEN ***
AUFNÄHER / PATCHES

KFOR	KFOR	KFOR	KFOR	KFOR
Kosovo	Kosovo	Kosovo	Kosovo	Kosovo
Niederlande	NL Helidetachement	Netherlands	Netherlands	Irland Defense Forces
Kosovo 1999 - 2000 Pin	Camp Toplicane	Wappen Typ I	Wappen Typ I	Nationalitätsabzeichen

KFOR	KFOR	KFOR	KFOR	KFOR
Kosovo	Kosovo	Kosovo	Kosovo	Kosovo
Ireland Defense Forces	Irland Defense Forces	Irland Defense Forces	Irland Defense Forces	Irland Defense Forces
IEDD	MNB (C) IEDD	35th InFGP / IEDD	MNTC	38th INF GP / IEDD

KFOR	KFOR	KFOR	KFOR	KFOR
Kosovo	Kosovo	Kosovo	Kosovo	Kosovo
Irland Defense Forces	Italian Defense Forces	Italian Defense Forces	Italian Defense Forces	Italian Defense Forces
40th INF GP / IEDD	Cimic MNB (SW)	CIMIC W3	Air Force	1 ReparatoOperativoAutonom

KFOR	KFOR	KFOR	KFOR	KFOR
Kosovo	Kosovo	Kosovo	Kosovo	Kosovo
Italian Defense Forces	Italian Defense Forces	Italian Defense Forces	Italian Defense Forces	ITALFOR
AMIKO 1 ROA	1 ROA AMIKO a	Carabinieri	OPS AMIKO	Albania

KFOR	KFOR	KFOR	KFOR	KFOR
Kosovo	Kosovo	Kosovo	Kosovo	Kosovo
Italian Defense Forces	Italian Defense Forces	Italian Defense Forces	Italian Defense Forces	Italian Defense Forces
2 ROA Air Force	Wappen	Wappen a	Wappen Patch	MNLU GSA

*** SOUVENIRS AUS DEN EINSATZGEBIETEN ***
AUFNÄHER / PATCHES

KFOR
Kosovo
Italian Defense Forces
Mobilita

KFOR
Kosovo
MSU
Regiment HQ

KFOR
Kosovo
MSU
Battailon HQ

KFOR
Kosovo
MSU
HQ - G6

KFOR
Kosovo
MSU
Alpha Coy

KFOR
Kosovo
MSU
Alpha Coy a

KFOR
Kosovo
MSU
Alpha Coy b

KFOR
Kosovo
MSU
Bravo Coy

KFOR
Kosovo
MSU
Bravo Coy a

KFOR
Kosovo
MSU
Bravo Coy b

KFOR
Kosovo
MSU
Bravo Coy c

KFOR
Kosovo
MSU
Investigation Team

KFOR
Kosovo
MSU
Investigation Team a

KFOR
Kosovo
MSU
Investigation Team b

KFOR
Kosovo
MSU
Operational Center

KFOR
Kosovo
MSU
Operational Center a

KFOR
Kosovo
MSU
Operational Center

KFOR
Kosovo
MSU
Info Team

KFOR
Kosovo
MSU
Inf. Team

KFOR
Kosovo
MSU
Cannarella

KFOR
Kosovo
MSU
Detachement of Gjakova

KFOR
Kosovo
MSU
Support Logistic Platoon

KFOR
Kosovo
MSU
Escort Team

KFOR
Kosovo
MSU
Medical

KFOR
Kosovo
MSU
Liason Officer

*** SOUVENIRS AUS DEN EINSATZGEBIETEN ***
AUFNÄHER / PATCHES

KFOR	KFOR	KFOR	KFOR	KFOR
Kosovo	Kosovo	Kosovo	Kosovo	Mazedonien
Italian Defense Forces	Italian Defense Forces	Kroatien	Norwegen	EinsKtgt KFOR
Operatione Alba / Albanien	Alba Wappen	EinsKtgt KFOR / Medics	Nor Movcon	Norwegen / Medics

KFOR	KFOR	KFOR	KFOR	KFOR
Kosovo	Kosovo	Kosovo	Kosovo	Kosovo
Bundesheer Österreich	Bundesheer Österreich	EinsKtgt KFOR	1. EinsKtgt KFOR	2. EinsKtgt KFOR
Offizielles Logo	1. EinsKtgt KFOR	Personenschutz	EOD / IEDD	gepanzerte Jägerkompanie

KFOR	KFOR	KFOR	KFOR	KFOR
Kosovo	Kosovo	Kosovo	Kosovo	Kosovo
EinsKtgt KFOR	3. EinsKtgt KFOR	7. EinsKtgt KFOR	7. EinsKtgt	8. EinsKtgt KFOR
2. gepanzerte Jägerkompanie	1. gepanzerte Jägerkompanie	RECCE Platoon	KFOR	Feuerwehr

KFOR	KFOR	KFOR	KFOR	KFOR
Kosovo	Kosovo	Kosovo	Kosovo	Kosovo
8. EinsKtgt KFOR	9. EinsKtgt KFOR	BTT 9	10. EinsKtgt	11. EinsKtgt
1. Kompanie	Feuerwehr	KFOR	KFOR	KFOR

 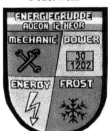   

KFOR	KFOR	KFOR	KFOR	KFOR
Kosovo	Kosovo	Kosovo	Kosovo	Kosovo
12. EinsKtgt KFOR	12. EinsKtgt KFOR	12. EinsKtgt KFOR	13. EinsKtgt	14. EinsKtgt
Task Force Merkur	Energiegruppe	I-Zug	KFOR	KFOR Typ I

*** SOUVENIRS AUS DEN EINSATZGEBIETEN ***
AUFNÄHER / PATCHES

| KFOR Kosovo 14. EinsKtgt KFOR Typ II | KFOR Kosovo 16. EinsKtgt KFOR | KFOR Kosovo 17. EinsKtgt KFOR | KFOR Kosovo 18. EinsKtgt KFOR | KFOR Kosovo 18. EinsKtgt KFOR Combat Media Team |

| KFOR Kosovo 18. EinsKtgt KFOR LgBetrBt | KFOR Kosovo 19. AUCON KFOR 21. Deu EinsKtgt KFOR | KFOR Kosovo 20. EinsKtgt KFOR | KFOR Kosovo 22. EinsKtgt KFOR Stockschützen | KFOR Kosovo 23. EinsKtgt KFOR AUNE |

| KFOR Kosovo 25. EinsKtgt KFOR | KFOR Kosovo 25. EinsKtgt KFOR | KFOR Kosovo 26. EinsKtgt KFOR Logistik | KFOR Kosovo 26. EinsKtgt KFOR Feuerwehr Camp Casablanca | KFOR Kosovo 29. EinsKtgt KFOR Alpha Coy |

| KFOR Kosovo 31. EinsKtgt KFOR | KFOR Kosovo 31. EinsKtgt KFOR Transportgruppe B-Coy | KFOR Kosovo 34. EinsKtgt KFOR | KFOR Kosovo 34. EinsKtgt KFOR Alpha Coy | KFOR Kosovo 35. EinsKtgt KFOR |

| KFOR Kosovo 35. EinsKtgt KFOR I-Zug | KFOR Kosovo 35. EinsKtgt KFOR RECCE | KFOR Kosovo 35. EinsKtgt KFOR Feldpostoffice A-1503 | KFOR Kosovo 35. EinsKtgt KFOR EOD - Team | KFOR Kosovo 36. EinsKtgt KFOR |

*** SOUVENIRS AUS DEN EINSATZGEBIETEN ***

AUFNÄHER / PATCHES

KFOR
Kosovo
36. EinsKtgt KFOR
Bravo Coy

KFOR
Kosovo
37. EinsKtgt KFOR
Bravo Coy

KFOR
Kosovo
37. EinsKtgt KFOR
Alpha Coy

KFOR
Kosovo
EinsKtgt KFOR
National Support Element

KFOR
Kosovo
EinsKtgt KFOR
National Support element

KFOR
Kosovo
EinsKtgt KFOR
Miss Aucon

KFOR
Kosovo
Personalverwaltungstrupp
Kosovo

KFOR
Kosovo
Camp Casablanca
Auflösungskommando

KFOR
Kosovo
EinsKtgt KFOR
AUNIC

KFOR
Kosovo
EinsKtgt KFOR
Stabskompanie

KFOR
Kosovo
EinsKtgt KFOR
MP Camp Suva Reka

KFOR
Kosovo
EinsKtgt KFOR
Int. MP Station Suva Reka

KFOR
Kosovo
EinsKtgt KFOR
MP Mil Streife

KFOR
Kosovo
EinsKtgt KFOR
Medics Typ I

KFOR
Kosovo
EinsKtgt KFOR
Medics Typ II

KFOR
Kosovo
EinsKtgt KFOR
Medics Typ III

KFOR
Kosovo
EinsKtgt KFOR
Bravo Coy

KFOR
Kosovo
EinsKtgt KFOR
Aufklärungszug

KFOR
Kosovo
EinsKtgt KFOR
I - Zug Suva Reka

KFOR
Kosovo
EinsKtgt KFOR
EOD / IEDD

KFOR
Kosovo
EinsKtgt KFOR
EOD / IEDD Team

KFOR
Kosovo
EinsKtgt KFOR
Feldlagerbetriebszug

KFOR
Kosovo
EinsKtgt KFOR
Destroyer Team D

KFOR
Kosovo
22. EinsKtgt KFOR
Fire Fighter

KFOR
Kosovo
33. EinsKtgt KFOR
Wtg Trp

*** SOUVENIRS AUS DEN EINSATZGEBIETEN ***
AUFNÄHER / PATCHES

KFOR
Kosovo
EinsKtgt KFOR
EOD- Team

KFOR
Kosovo
EinsKtgt KFOR
RECON Aufklärer

KFOR
Kosovo
EinsKtgt KFOR
Transport Coy Typ I

KFOR
Kosovo
EinsKtgt KFOR
Transport Coy Typ II

KFOR
Kosovo
EinsKtgt KFOR
Alle Neune Camp Casablanca

KFOR
Kosovo
EinsKtgt KFOR
MAN Bn Dulje

KFOR
Kosovo
EinsKtgt KFOR
TF Dulje / Version I

KFOR
Kosovo
EinsKtgt KFOR
TF Dulje / Version II

KFOR
Kosovo
Task Force Dulje
Brustanhänger

KFOR
Kosovo
EinsKtgt KFOR
Operation Joint Guardian

KFOR
Kosovo
Cimic
blauer Rand

KFOR
Kosovo
Cimic
roter Rand

KFOR
Kosovo
Cimic
schwarzer Rand

KFOR
Kosovo
Cimic
Suva Reka

KFOR
Kosovo
Cimic
Task Force Dulje

KFOR
Kosovo
7.POLEinsKtgt KFOR
Special Police Unit

KFOR
Kosovo
13.#POLEinsKtgt KFOR
FPU Pluton III

KFOR
Kosovo
14.POLEinsKtgt
KFOR

KFOR
Kosovo
25.POLEinsKtgt
KFOR

KFOR
Kosovo
26.POLEinsKtgt KFOR
EOD - Team

KFOR
Kosovo
36.POLEinsKtgt KFOR
Military Police

KFOR
Kosovo
36.POLEinsKtgt KFOR
National Support Element

KFOR
Kosovo
Portugal
KTM

KFOR
Kosovo
Russland bunt
Fallschirmjäger 1999

KFOR
Kosovo
Russland oliv
Fallschirmjäger 1999

*** SOUVENIRS AUS DEN EINSATZGEBIETEN ***

AUFNÄHER / PATCHES

KFOR	KFOR	KFOR	KFOR	KFOR
Kosovo	Kosovo	Kosovo	Kosovo	Kosovo
Russland Fallschirmjäger	Russland	Russland bunt	3rd Medic Transport SOD	Swecon
Brustanhänger	Kosovo Pin	Kosovo	Rolling Angels	KS22

KFOR	KFOR	KFOR	KFOR	KFOR
Kosovo	Kosovo	Kosovo	Kosovo	Kosovo
Swecon	Swecon	Swecon	Swiss Coy KFOR	Swiss Coy KFOR
Rescue KS10	KS 16	Kosovo	Typ I	Typ II

KFOR	KFOR	KFOR	KFOR	KFOR
Kosovo	Kosovo	Kosovo	Kosovo	Kosovo
Swiss Coy	Swiss Coy	Swiss Coy / Company Staff	Swiss Coy / 2001	Swiss Coy
KFOR / Dragon	KFOR / MP	4. EinsKtgt	4. EinsKtgt	7. EinsKtgt

KFOR	KFOR	KFOR	KFOR	KFOR
Kosovo	Kosovo	Kosovo	Kosovo	Kosovo
Swiss Coy	Swiss Coy	Swiss Coy	Swiss Coy	Swiss Coy
8. EinsKtgt	13. EinsKtgt	15. EinsKtgt	15. EinsKtgt	16. EinsKtgt

KFOR	KFOR	KFOR	KFOR	KFOR
Kosovo	Kosovo	Kosovo	Kosovo	Kosovo
Swiss Coy / Logistik	Swiss Coy	Swiss Coy	Swiss Coy / Man Bn Dulje	Swiss Coy
16. EinsKtgt	17. EinsKtgt	18. EinsKtgt	19. EinsKtgt	19. EinsKtgt

*** SOUVENIRS AUS DEN EINSATZGEBIETEN ***
AUFNÄHER / PATCHES

KFOR
Kosovo
Swiss Coy Brass(a)blanca
20. EinsKtgt

KFOR
Kosovo
Swiss Coy
20. EinsKtgt

KFOR
Kosovo
Swiss Coy ManBn Dulje
20. EinsKtgt

KFOR
Kosovo
Swiss Coy / Man Bn
Dulje / 21. EinsKtgt

KFOR
Kosovo
Swiss Coy
21. EinsKtgt

KFOR
Kosovo
Swiss Coy
22. EinsKtgt

KFOR
Kosovo
Swiss Coy
23. EinsKtgt

KFOR
Kosovo
Swiss Coy / Logistics
24. EinsKtgt

KFOR
Kosovo
Swiss Coy
27. EinsKtgt

KFOR
Kosovo
Swiss Coy
28. EinsKtgt

KFOR
Kosovo
Swiss Coy
30. EinsKtgt

KFOR
Kosovo
Swiss Coy
31. EinsKtgt

KFOR
Kosovo
Swiss Coy KFOR
Section 8 / oliv

KFOR
Kosovo
Slovengcon blau
Brustanhänger

KFOR
Kosovo
Slovengcon weiss
Brustanhänger

KFOR
Kosovo
13.Slovkon
NSE

KFOR
Kosovo
Slovkon
Monitoring Team

KFOR
Kosovo
Spanisches Kontingent
Kosovo Force KNSE

KFOR
Kosovo
Spanisches Kontingent
facta non verba

KFOR
Kosovo
Spanisches Kontingent
Kosovo

KFOR
Kosovo
Spanisches Kontingent
Brustanhänger

KFOR
Kosovo
Spanisches Kontingent
Pin

KFOR
Kosovo
Ungarisches Kontingent
Airport Pristina

KFOR
Kosovo
Ungarisches Kontingent
Inf Coy

KFOR
Kosovo
3B 717th Medical Co
Air Ambulance

*** SOUVENIRS AUS DEN EINSATZGEBIETEN ***
AUFNÄHER / PATCHES

KFOR	KFOR	KFOR	KFOR	KFOR
Kosovo	Kosovo	Kosovo	Kosovo	Kosovo
US Defense Force	64 Task Force Phoenix	1-635 AR	2./135 Infantry	NBC - Team
MNTF (E)	Wings of Freedom	S2 Team Intel Kosovo	D-Coy Bajonet	Camp Bondsteel 2008

KFOR	KFOR	KFOR	KFOR	KFOR
Kosovo	Kosovo	Kosovo	Kosovo	Kosovo
Medical Team	Camp Bondsteel	Fire Dept.	Fire Rescue	HQ Fire Rescue
Camp Bondsteel 2009	Kosovo	43.EinsKtgt	Film City	Film City

KFOR	KFOR	KFOR	KFOR	KFOR
Kosovo	Kosovo	Kosovo	Kosovo	Kosovo
8 Task Force Patriot	6A Bondsteel Air Taxi	6B Task Force Shadow	SH.Z.SH	Sniper Team
182nd Cavalry	Service Crewdogs	Operation Enduring Freedom	Malisheve	Kosovo Force

KFOR	KFOR	KFOR	KFOR	KFOR
Kosovo	Kosovo	Kosovo	Kosovo	#Kosovo
US Defense Force	US Defense Force	Task Force Shadow	KFOR -8	NATO
SpecOps	SpecOps Schwarz	Operation Joint Guardian	Task Force Eagle	USAF

KFOR	KFOR	KFOR
Kosovo	Kosovo	Kosovo
DOS	US Wappen	KFOR / US Flagge
Courier Section	Pin	Pin

51

*** SOUVENIRS AUS DEN EINSATZGEBIETEN ***
FELDPOSTKARTEN

KFOR
Feldpostflagge 1

KFOR
Feldpostflagge 2

KFOR
Am Checkpoint F

KFOR
Kinderlachen läßt hoffen

KFOR
Altstadt mit Sinan Pascha Maschee

KFOR
Gewitter über Prizren

KFOR
Blick vom Cviljen

KFOR
Sicherung Altstadt Prizren

KFOR
NATO Present
Kosovo Now

KFOR
Schneelandung im Kosovo

KFOR
Bell Helikopter
im Kosovo

KFOR
Demining Team
Kosovo

KFOR
Kloster Decani

KFOR
Berglandschaften

KFOR
Kirche im Stadtzentrum Prizren

*** SOUVENIRS AUS DEN EINSATZGEBIETEN ***
FELDPOSTKARTEN UND FELDPOSTSTEMPEL

KFOR
Bell UH-1d Landeanflug auf der Festung Kalaja

KFOR
Sicherrung in Prizren...ach bei schlechtem Wetter

KFOR
Good Morning Yugoslavia

KFOR
Heavy Metal Kosovo
Six Month Tour

KFOR
NATO Presents
Balkans Now

KFOR
Feldpost
frankierter Briefumschlag

KFOR
Verschiedene Feldpoststempel des Feldpostamtes in Prizren

KFOR
Blick von Fuchsbrücke auf Altstadt Prizren

KFOR
Ostern im Kosovo
Typ I

KFOR
Ostern im Kosovo
Typ II

KFOR
Ostern im Kosovo
Typ III

KFOR
Ostern im Kosovo
Typ IV

KFOR
Ostern im Kosovo
Typ V

*** SOUVENIRS AUS DEN EINSATZGEBIETEN ***
ABGESCHLOSSENE PUBLIKATIONEN / NPMC-MAIFELD

Einsatzmedaillen und Ehrenzeichen
Bundeswehr, NATO, EU und UN
208 Seiten
ISBN 978-3-95638-700-5

Einsatzmedaillen und Ehrenzeichen
Bundeswehr, NATO, EU und UN
234 Seiten
ISBN 978-3-95638-701-2

Einsatzmedaillen und Ehrenzeichen
Bundeswehr, NATO, EU und UN
280 Seiten
ISBN 978-3-86619-166-2

*** SOUVENIRS AUS DEN EINSATZGEBIETEN ***
ABGESCHLOSSENE PUBLIKATIONEN / NPMC-MAIFELD

Einsatzmedaillen und Ehrenzeichen
der U.S. Streitkräfte
196 Seiten
ISBN 978-3-95638-720-3

Einsatzmedaillen und Ehrenzeichen
der U.S. Streitkräfte
230 Seiten
ISBN 978-3-86619-165-5

*** SOUVENIRS AUS DEN EINSATZGEBIETEN ***
AKTUELLE PUBLIKATIONEN MIT DER BOD GMBH

Auslandseinsätze der Bundeswehr
Souveniers aus den NATO Einsätzen
ISAF und RSM
90 Seiten
Print: ISBN 978-3-75979-640-0
E-Book: ISBN 978-3-76938-036-1

*** SOUVENIRS AUS DEN EINSATZGEBIETEN ***
GASTARTIKEL FÜR DIE ZEITSCHRIFT IMM

Internationales Militaria Magazin
Nr.180 / November-Dezember 2016
Fachartikel
Die Einsatzmedaille der Bundeswehr

Internationales Militaria Magazin
Nr.181 / Februar-März 2017
Fachartikel
Gegen den IS / OIR - Operation Inherent Resolve

Internationales Militaria Magazin
Nr.182 / April-Mai 2017
Fachartikel
Einsatzmedaillen UN, NATO, EU und Bundeswehr

Internationales Militaria Magazin
Nr.206 / Juni-Juli 2022
Fachartikel
Die Einsatzmedaillen der polnischen Streikräfte

Internationales Militaria Magazin
Nr.208 / Januar-Februar 2023
Fachartikel
Zweithöchste Auszeichnungen der U.S. Streitkräfte

Internationales Militaria Magazin
Nr.209 / März-April 2023
Fachartikel
Sanitätseinsatzverband - ISAF / Aufnäher - Afghanistan 1

Internationales Militaria Magazin
Nr.210 / Juni-Juli 2023
Fachartikel
Sanitätseinsatzverband - ISAF / Aufnäher - Afghanistan 2

Internationales Militaria Magazin
Nr.211 / September-Oktober 2023
Fachartikel
Die Madonna von Stalingrad auf Verbandsabzeichen der Bundeswehr

Internationales Militaria Magazin
Nr.212 / Januar-Februar 2024
Fachartikel
Challenge Coins: Ein neues Sammelgebiet

Internationales Militaria Magazin
Nr.213 / März-April 2024
Fachartikel
Einsatzmedaille der Bundeswehr: OSZE - UNHCR - UNOMIG

*** SOUVENIRS AUS DEN EINSATZGEBIETEN ***
EIGENE PROJEKTE AUF YOUTUBE

**WIR SIND MITLERWEILE AUCH AUF YOUTUBE VERTRETEN!
FOLGT UNS GERNE AUF UNSEREN KANÄLEN.**

Das Hobby hat uns nun auch noch in das Vergnügen geführt, dass wir uns mit dem „Neuland Internet" befassen. Wenn man sich Videos auf YouTube anschaut, dann hört man zwei Wörter besonders häufig. Das wären die englichen Worte „like" und „subscribe". Auf deutsch bedeuten diese Worte „mögen" und „abbonnieren,"

Die Nutzung der Plattform YouTube haben wir erst recht spät begonnen. Dementsprechend lange haben wir gebraucht, um zu verstehen wie wichtig es für einen Kanal ist, dass er vom Algorhytmus gefunden wird. Daher bitten wir unsere Leser, ein kostenloses Abbonnement für unsere YouTube Kanäle zu aktivieren. Das würde unsere Arbeit innerhalb unseres Hobby`s auch auf dieser Platform YouTube enorm fördern.

Alles was wir publizieren entspringt aus der Sammlertätigkeit und es handelt sich nur um ein Hobby und nicht um unseren Hauptberuf. Durch dieses Hobby haben wir zwar den Titel Buchautor und im weiteren Verlauf sogar die Bezeichnung Content Creator auf YouTube erworben, aber damit bestreiten wir nicht den Lebensunterhalt für unsere Familie.

Daher ist jedes Abbonnement unserer Kanäle und jedes „Like" einer meiner Beiträge unglaublich hilfreich.

✱✱✱ SOUVENIRS AUS DEN EINSATZGEBIETEN ✱✱✱
EIGENE PROJEKTE AUF FACEBOOK

NPMC-Maifeld
38 „Gefällt mir"-Angaben • 53 Follower

NPMC bedeutet Numismatik-Phaleris Militaria-Collector. Unter der Bezeichn sind meine Hobbies zusammengefaß NPMC ist keine Firma sondern einfach nur eine Zusammenfassung meiner Sammelgebiete und die Ausübung de Hobbies ist rein privater Natur.

Die Seite NPMC-Maifeld soll sich künftig als Hauptseite entwickeln. Hier geben wir alles rund um unser Hobby und geplante Neuigkeiten bezüglich unserer Bücher bekannt. Folgt uns gerne auf dieser Seite.

Panzerbrigade 28 Dornstadt
420 „Gefällt mir"-Angaben • 425 Follower

Sammlung / Exponate

Größere Projekte stellen wir separat auf eigenen Facebook Seiten vor. Im Jahr 2020 hätte ich fast die Möglichkeit bekommen, den Traditionsraum der ehemaligen Panzerbrigade 28 zu bekommen.
Die Räumlichkeiten in Dornstadt wurden für andere Dinge benötigt und die Sachen mussten bis zu einem bestimmten Termin die Räumlichkeiten verlassen haben.
Mein Ziel war es, so viele Exponate wie möglich beisammen zu halten. Ich wollte die Sachen nach Koblenz überführen und aus dem Grund bin ich zuvor vor Ort gewesen und habe schon einmal so viele Exponate wie möglich fotografiert Zum Glück habe ich das gemacht.
Leider führten einige unglückliche Dinge und auch die eine oder andere Falschbehauptung mir gegenüber dazu, dass dieser Traditionsraum am Ende ausgeschlachtet wurde. Wieviele Exponate deutschlandweit verteilt wurden und wieviele Exponate am Ende sogar in den Müll gekommen sind, entzieht sich meiner Kenntnis. Wenn ich an diese Zeit zurückdenke, überkommt mich ein Gefühl des Unbehagens.
So komplett wie der Traditionsraum der Panzerbrigade 28 in Dornstadt auf dieser Facebook Seite zu sehen ist, ist er seit Jahren leider nicht mehr.
Folgt uns gerne auf dieser Seite.

Panzerbataillon 154 Westerburg Traditionsraum
2 „Gefällt mir"-Angaben • 8 Follower

Im November 2023 habe ich durch Zufall mitbekommen, dass der Traditionsraum des Panzerbataillon 154 in Westerburg nahezu aufgelöst wird. Die Räumlichkeiten in denen die Exponate gelagert waren, wurden Verkauft und die Sachen mussten zum größten Teil weg.
Da ich von 2000 bis 2002 selbst als Sanitäter Angehöriger des Bataillons war, lag mir das Bataillon am Herzen. Daraufhin habe ich mich erkundigt, was von dem Traditionsraum noch übrig ist.
Es war noch etliches vor Ort, was Ende Dezember 2023 in den Müllkontainer gewandert wäre. Fast alles was auf dieser Seite zu sehen ist, habe ich von Westerburg geholt.
Folgt uns gerne auf dieser Seite.

*** SOUVENIRS AUS DEN EINSATZGEBIETEN ***
EIGENE PROJEKTE / PUBLIKATIONEN / EIN BLICK IN DIE ZUKUNFT

Ein kleiner Ausblick für das laufende Jahr 2024 und darüber hinaus ist, dass ich zur Zeit an weiteren Buchprojekten arbeite. Hierbei handelt es sich teils um völlig neue Projekte aber auch um Überarbeitungen und Aktualisierungen früherer Projekte.

Erwähnenswert sind hier die beiden Medaillenbücher, die letztmals im Jahr 2022 überarbeitet und erweitert wurden. Gerade im Kapitel der Einsatzmedaille der Bundeswehr werden unzählige Seiten neu hinzu kommen. Bei den neuen Projekten wird die Auflösung bzw. die drastische Verkleinerung des Traditionsraum des Panzerbataillon 154 in Westerburg thematisiert werden. Außerdem habe ich derzeit eine Datei in Bearbeitung, in der unzählige Bilder von Patches rund um den Kosovo Einsatz abgelegt wurden.

Hinzu kommen zwei weitere Buchprojekte, diese befinden sich gerade in der Vorplanung. Eines der Bücher soll in Kooperation mit einem Sammlerkollegen entstehen. Für diese Anfrage habe ich schon eine positive Rückantwort erhalten. Eines ist aber jetzt schon sicher: „Es wird wieder sehr viele Bilder geben".

Die Motivation ist auf jeden Fall so hoch wie seit Jahren nicht mehr. Es bleibt nur abzuwarten, wieviel Zeit ich in die Umsetzung der Projekte investieren kann.

Denn wie schon gesagt, es handelt sich hier um ein Hobby. Andererseits sehe ich aber immer wieder, dass viele meiner Fragestellungen aus den Sammlerbereichen noch in keiner vorhandenen Literatur berücksichtigt wurden.

Abschließend möchte ich noch einen Hinweis zu unseren Social Madias loswerden.
Hierfür gibt es eine Faustformel. Alles was sich im Netz **NPMC Maifeld Collect** (Instagram, Facebook, YouTube etc.) nennt, das kommt von uns. Wir freuen uns bei diesen Medien natürlich über jede Weise des Support. Liken, Abbonnieren, Teilen oder auch monitäre Spenden als auch Sachspenden via Postfach / Postfiliale.

Die fünf YouTube Kanäle die wir auf Seite 89 aufgelistet haben, liegen uns sehr am Herzen. Aus diesem Grund werden wir alle Zuwendungen in das Hobby refinanzieren. Entweder in den Ausbau/Wachstum der YouTube Kanäle oder in die Rettung / Übernahme von Sammlungen oder Exponate die Möglicherweise auf einer Mülldeponie auf ewig verloren gehen.
Jedes Exponat, welches wir in unsere Sammlung aufnehmen werden, wird früher oder später auf einem unserer YouTube Kanäle zu sehen sein.

Vorab möchten wir uns bei Jedem bedanken, der uns bei unserem Projekt NPMC-Maifeld Collects unterstützt. Alleine der Kauf dieses Buches ist schon eine wichtige Unterstützung. Vielen Dank dafür.

Mark Schneider

*** SOUVENIRS AUS DEN EINSATZGEBIETEN ***
EIN BLICK IN DIE ZUKUNFT / VERBINDUNGSAUFNAHME

Gerne können Sie uns Ihre Kontaktdaten auch per Postfach oder an eine Postfiliale senden. Dies bietet eine zusätzliche Möglichkeit, Ihre Daten sicher und bequem zu übermitteln, um die Zusendung von Bildern für eine Bucherweiterung zu organisieren.

Bitte nutzen Sie für Briefe / Postkarten folgende Adresse

NPMC-Maifeld Collects
Postfach 1133
56747 Polch
Germany

Alternativ können Sie Päckchen und Pakete sowie Kontaktdaten auch an unsere zuständige Postfiliale senden:

NPMC-Maifeld Collects
1115022254
Postfiliale 596
56751 Polch

NPMC-Maifeld Collects ist auch auf Instagram und Facebook zu finden.

*** SOUVENIRS AUS DEN EINSATZGEBIETEN ***

NOTIZEN